Die 50 schönsten Ziele in der *Rhön*

BERGE

STÄDTE

BURGEN

STÄTTEN

NATUR

Vorwort

Es war wohl im Jahr 1947, als ich in der Schule zum ersten Mal das Wort „Rhön“ in mein Erdkundeheft schrieb. Damals gab es keine Atlanten oder Bücher, wir „malten“ unsere Landkarten selbst. Meine Rhön war so klein, dass kaum der Name hineinpasste. Aber bis heute habe ich mir gemerkt, was uns der Lehrer über dieses Mittelgebirge erzählte: Die Rhön ist vulkanischen Ursprungs. Wissen muss jeder, der dies liest, dass ich in der Niederlausitz zur Schule ging. Mein Erdkundelehrer war mit Sicherheit ein guter Lehrer, wenn er uns damals unser Deutschland so plastisch schilderte, dass ich alles bis heute noch weiß. Genau erinnere ich mich auch an den Klassenausflug nach Thüringen mit einem Besuch der Wartburg. Vom Bergfried aus zeigte uns der Lehrer dann „in natura“ die Vulkanberge der Rhön. Niemals hätte ich damals geglaubt, einmal eine Rhönerin zu werden (wenn das überhaupt möglich ist).
Nach dem Abitur „floh“ ich in den Westen und es kam das Jahr 1955, als ich in Wechterswinkel im sog. Besengau der Rhön mein Landschulpraktikum absolvierte und mir mein Mentor Georg Trost die Liebe zur Rhön ins Herz pflanzte. Mit seiner Tochter stieg ich im Sommer zum ersten Mal über die Kniebreche auf den Kreuzberg und trank mein erstes Kreuzbergbier! Schon damals wurde ich vom „Rhön-Virus“ infiziert!
Im Studium der Pädagogik faszinierte mich der Kurs, in dem es um Eduard Sprangers „Vom Bildungswert der Heimatkunde“ ging. Diese Vorlesungen haben mich zu einem neuen Begriff von „Heimat“ geführt. Eine Heimat kann man sich nach Spranger erarbeiten, man muss nicht dort geboren sein! Seit 1962 lebe ich nun in Wildflecken mitten in der Rhön, direkt am Fuße des Kreuzbergmassivs. Das ist meine 2. Heimat, die ich mir in 50 Jahren erarbeitet und über alles schätzen und lieben gelernt habe.
Wer die Rhön kennen und lieben lernen will, muss sich mit ihr beschäftigen: mit der Landschaft, den Menschen, der Kultur, der Geschichte, der Natur, der Religion, den Bräuchen, den Liedern und mit dem harten Basalt!
Das Ihnen vorliegende Büchlein will versuchen, Ihnen bei der Eroberung der Rhön behilflich zu sein. Zunächst einmal sind kleine und auch größere Kostbarkeiten dieses unverwechselbaren, einmaligen Mittelgebirges ausgewählt worden, in die Sie sich vertiefen sollten, um diese Landschaft und auch ihre Bewohner verstehen und schätzen zu lernen.

Mein Dank gilt Frau Gerhilde Kramm, die mit Hilfe von namhaften Autoren Schneiders Rhönführer bearbeitet hat, dem ich viele Details und viel Wissenswertes entnehmen konnte. Ebenso bedanke ich mich bei allen Bildautoren, die den „Rhönkalender“ seit Jahrzehnten mit hervorragenden Fotos gestalten, von denen ich einige hier noch einmal verwenden konnte.
Mögen diese 96 Seiten der Rhön helfen, viele neue Freunde zu gewinnen.

Regina Rinke

Schloss Aschach

1 | Aschach

Der Ort **Aschach** hat sich aus dem zur gleichnamigen hennebergischen Burg gehörenden Dorf entwickelt, wurde Marktflecken und ist heute Ortsteil von Bad Bocklet. Er ist ein typisches fränkisches Dorf mit gut erhaltenen **Fachwerkhäusern** und **Bauerngehöften** an der Fränkischen Saale. Weithin bekannt und immer einen Besuch wert ist Aschach jedoch wegen seines **Schlosses (Burg)**, welches dem Bezirk Unterfranken vom Sohn des einstigen Regierungspräsidenten Dr. Friedrich Graf von Luxburg als Geschenk überlassen worden ist. Graf Friedrich hatte das Schloss 1873 käuflich erworben. Er war ein großer Kunstsammler. Sein Sohn Karl baute es zu einem **Museum für Wohnkultur** aus. Das Schloss ist mit all seinen Räumen und Kunstschätzen während der Sommermonate zu besichtigen. Auch Schlosskonzerte finden dort statt.

Im ehemaligen Forst- bzw. Gärtnerhaus ist seit 1982 ein **Schulmuseum** untergebracht, welches an bescheidene, fast primitive Zeiten in Rhöner Schulräumen erinnert und Zeugnis ablegt von der Einfachheit, mit der Wissen vor Jahrhunderten vermittelt worden ist.

Die ehemalige **Zehntscheune** beherbergt eine Dauerausstellung über „Ländliches Wohnen und Wirtschaften".

Staatsbad Brückenau: Großer Kursaal

2 | Bad Brückenau

Bad Brückenau liegt direkt zu beiden Seiten des Flüsschens Sinn, welches am Hang des Kreuzberges entspringt. Bereits zu Zeiten Karls des Großen führte eine „Heerstraße in Speeresbreite" über die Sinn. An der **Furt** siedelten zunächst vereinzelt Bauern und Ende des 12. Jahrhunderts wird schon eine größere Siedlung genannt. Ihr Name: **Sinn-Aue**! Der Ort wird erst 1249 urkundlich erwähnt und 1260 wurden vier Burggüter erlaubt, die von einer Schutzmauer umgeben waren. 1310 erhielt die Siedlung das Stadtrecht. Weitere Rechte folgten: das Mauerrecht, das Schankrecht, das Marktrecht, das Waldnutzungsrecht und das Ratsrecht. Durch diese Rechte wurde sowohl die politische als auch die wirtschaftliche Eigenständigkeit verstärkt. 1597 errichtete man über der Sinn eine steinerne Brücke und nannte den Ort fortan Brückenau. Die Brücke war bis ins Jahr 1960 nutzbar. Dann musste sie wegen des zunehmenden Verkehrs durch eine Betonbrücke ersetzt werden. Vom Dreißigjährigen Krieg blieb das Städtchen verschont. 1634 aber fielen viele Bewohner der Pest zum Opfer. Im Jahr 1876 zerstörte ein Großbrand fast die gesamte Stadt. Viele historische Dokumente wurden dabei vernichtet. Zu Beginn des 20. Jahrhunderts erbohrten sieben mutige

Bürger der Stadt einen Brunnen mit einer Tiefe von 316 m. Er wurde nach ihnen **„Siebener-Sprudel"** benannt. Er ist sehr schwefelhaltig und wird daher auch Schwefelquelle genannt. Das Wasser enthält Kalzium, Magnesium, Sulfat und Hydrogenkarbonat. Die Georgi-Quelle entspringt aus 554 m Tiefe im **Georgi-Park**. Der Name Georgi geht auf den hl. Georg zurück, der die Stadt einer Sage nach vor Übergriffen der Ritter von Thüngen bewahrt haben soll. 1970 erhielt die Stadt Brückenau den Zusatz „Bad". Das Altstadt-Ensemble mit historischen Häusern aus dem 16. Jahrhundert, welches den Großbrand überlebt hat, bietet einen Eindruck von der Lebensqualität in früheren Zeiten. Der berühmteste Sohn der Stadt ist der Arzt und Philosoph Melchior Adam Weikard, der im Stadtteil Römershag geboren wurde. Er hat es trotz seiner Verwachsung (er hatte einen Buckel) bis an den Zarenhof von Russland geschafft und war der Leibarzt der Zarin Katharina II.

Volkersberg

Von Fulda auf der B 27 in Richtung Süden fahrend, erreicht man kurz vor der Stadt Bad Brückenau den Ortsteil **Volkers**, der sich rechter Hand am Berg erstreckt. Gekrönt wird dieser Ort vom **Volkersberg** – der um 1160 in einem Güterverzeichnus der Abtei Fulda genannt wird – mit dem ehemaligen gleichnamigen **Franziskanerkloster**. 1378 kam es durch eine Stiftung zum Bau der Kapelle „Zum Heiligen Kreuz". Auf Initiative von Wallfahrern gründete sich 1450 eine bezeugte **Kreuzbruderschaft**, die älteste in Bayern. Bis 1499 lebten auf dem Berg nur Einsiedler. Zur Zeit der Reformation

Jugendbildungsstätte und Katholische Landvolkshochschule Volkersberg

Blick zum Fürstenhof

ging die Wallfahrt stark zurück, aber in der Mitte des 17. Jahrhunderts blühte sie wieder auf, und an manchen Festtagen kamen bis zu 4 000 Pilger auf den Berg. Ab 1657 übernahmen die Franziskaner die Betreuung der Wallfahrer. 1661 wurde der Grundstein für ein Kloster und 1664 für die Kirche gelegt. Die Anlage musste 1707 bereits erweitert werden. 1755 erhielt auch das Kloster Volkersberg einen Kreuzweg mit 14 Stationen, wie die anderen Franziskanerklöster der Rhön sie auch schon hatten. Das Kloster überstand die Säkularisation und kam 1815 zu Bayern. 1966 erfolgte die Auflösung. Da schon 1956 ein Jugendhaus und eine Landvolkshochschule angebaut worden waren, wurde die gesamte Anlage zur **Bildungsstätte**. Die **Klosterkirche** wurde zur Pfarrkirche für den kleinen Ort Volkers.

Das Staatsbad

Unweit der Stadt Brückenau, sinnabwärts, war schon im 15. Jahrhundert ein „Sauerbrönn" mit Heilwirkung bekannt. Aber erst 1747 ließ der Fuldaer Fürstabt Amandus von Buseck die erste **Heilquelle** fassen. Unter Fürstabt Heinrich von Bibra entstand im Sinntal ein kleiner Badeort, der 1759–88 eine Blütezeit erlebte. Aus dieser Zeit sind noch barocke Bauten entlang der „Hauptachse" des Kurparks erhalten. Hatte Brückenau bis dato zu Fulda gehört, wurde es nach dem Wiener Kongress Bayern zugeschlagen. Vom jungen König Ludwig I. von Bayern (1786–1868) sind mehrere Kuraufenthalte, u. a. auch mit Lola Montez, bekannt. Er ließ das Bad umgestalten und unter anderem den Großen Kursaal im Stil des Klassizismus errichten. Übernachtet hat er stets im **Fürstenhof**.

1819 ließ er gegenüber dieses imposanten (Gast)-Hofes in Verlängerung der Achse den Kellerbau entstehen. Dort soll Lola Montez übernachtet haben. Rechts und links zu dieser Hauptachse hat sich ein Ensemble entwickelt, welches den Park bestimmend prägt. Nach der Abdankung des Königs 1848 wurde das Bad an private Träger verpachtet. Nach dem Zweiten Weltkrieg übernahm der Bayerische Staat das Areal und nannte es **Bayerisches Staatsbad Brückenau**. Hier hat das Bayerische Kammerorchester seinen Sitz.

Sehenswert sind im Staatsbad das **Fahrradmuseum**, der **Kurpark** mit der König-Ludwig-Eiche und die **Quellenfassungen**: König-Ludwig-Quelle (300 m tief), die kochsalzarme Wernarzer Quelle, welche dem Bad zum Titel „Nierenheilbad" verhalf, sowie die Sinnberger Quelle, die als Staatliches Bad Brückenauer Heilwasser in Flaschen abgefüllt und weltweit verkauft wird.

3 | Bad Kissingen

Bad Kissingen, eine karolingische Siedlung, ist wohl eines der bekanntesten Kurbäder Deutschlands, dessen Salzquellen bereits im Jahr 823 genannt werden. Schon 1544 wurde es als Kurort bezeichnet. Balthasar Neumann, der u. a. auch die Würzburger Residenz (Weltkulturerbe!) erbaute, wurde mit dem Ausbau der Heilquellen beauftragt und sollte auch die Anlagen zur Salzgewinnung bauen. Zusammen mit dem Apotheker Boxberger entdeckte er in der Saale eine ehemalige Heilquelle wieder, den **Rakoczy**-Sprudel. Im Jahr 1814 kam Kissingen nach der Säkularisation zu Bayern. Die Blütezeit des Weltbades begann. In seinen Mauern suchten Berühmtheiten aus der ganzen Welt Erholung und Heilung, darunter Kaiserin Sisi, die Könige Ludwig I. und II., Zar Alexander II. von Russland und Otto von Bismarck. Die Stadt wird geprägt durch Kureinrichtungen, Kuranlagen und viele schöne Plätze zum Erholen. Ganz besonders der **„Rosengarten“** zieht im Sommer Tausende Besucher und Kurgäste an. Ausgedehnte Spaziergänge in Kurgarten und **Kurpark** oder ein beschaulicher Stadtbummel sind möglich, aber auch Kultur und Natur geben sich hier an den Ufern der Fränkischen Saale die Hand. Prachtvolle Bauten im Prinzregentenstil laden beim Kissinger Sommer und beim Kissinger Winterzauber mit hervorragenden Konzertinterpreten zu einem Musikgenuss ersten Ranges ein. Die Aufführungen ereignen sich u. a. im großen **Arkadenbau**, erbaut von Friedrich von Gärtner, der das gewaltige Kurviertel gestaltete. Der Aufbau der Stadt zum bedeutenden Bad

Kurpark

oben: Museum Obere Saline
unten: Kurhalle

wurde von den bayerischen Königen Ludwig I. und Ludwig II. begünstigt und gefördert. Heute trägt die Stadt den Titel Bayerisches Staatsbad. Im Zentrum befindet sich auf dem **Marktplatz** das **Alte Rathaus** aus dem Jahr 1577 mit einem historischen Ratsaal. Am Eisenstädter Platz erinnert ein Denkmal an Peter Heil, der einen Angriff der Schweden auf die Stadt 1643 vereitelt haben soll. Angeblich schleuderte er seine Bienenkörbe auf die Angreifer, die daraufhin flohen.
Bis zur Zeit des Nationalsozialismus gab es in der Stadt reges jüdisches Leben. Das änderte sich ab 1933. Die große Synagoge wurde dem Erdboden gleich gemacht und die jüdischen Einwohner deportiert. Dem heutigen Ehrenbürger der Stadt, Jack Steinberger, gelang rechtzeitig die Flucht nach Amerika. Er hält zu seiner

Vaterstadt noch immer engen Kontakt. Ein Gymnasium wurde nach ihm benannt.

Seit 1897 gibt es in der Salinenstraße eine **russisch-orthodoxe Kirche**, die auch besichtigt werden kann. Entlang der Saale sei eine kleine Wanderung zur **Saline** empfohlen. Dort rieselt das salzhaltige Heilwasser über Dornen bzw. Reisig und erzeugt einen feinen Nebel, der bei Atemwegserkrankungen durch Einatmen Linderung verschafft. An den Zweigen setzt sich das Salz schließlich ab. Im nahegelegenen **Museum Obere Saline** erfährt der Gast alles über die Geschichte der Salzgewinnung, die 1000 Jahre andauerte und der Stadt zu Reichtum verhalf.

Bad Kissingen verfügt darüber hinaus noch über ein **Kurtheater** und eine **Spielbank**. Selbstverständlich steht die Erhaltung der Gesundheit bei den meisten Einrichtungen besonders im Vordergrund. Das beweisen die vielen Kurhäuser und Kliniken.

Für Familien mit Kindern ist der **Wildpark Klaushof** ein lohnendes Ziel. Ein „Kur-Bähnle" fährt während des Sommers aus der Stadt hinauf zum Gasthof und Café „Altes Forsthaus" direkt am Wildpark, der auch über den Kaskadenweg zu Fuß vom Zentrum der Stadt aus zu erreichen ist. Es handelt sich bei der 30 Hektar großen Anlage um einen naturbelassenen Wildpark mit ca. 350 Tieren aus 30 Arten. Etwa 60 000 Tierliebhaber kommen pro Jahr zum Klaushof. Ein großer Parkplatz ist vorhanden und für Kinder gibt es einen Spielplatz und einen Streichelzoo.

Sehenswert ist ebenso die hennebergische **Burgruine Botenlauben** im Ortsteil Reiterswiesen, 1220–42 Wohnsitz von Graf Otto von Botenlauben, einem bekannten Minnesänger. Die Burg stammt aus dem 12. Jahrhundert und wurde in den Bauernkriegen zerstört. Im Sommer finden Ritterspiele mit volksfestähnlichem Charakter statt, die Tausende von Besuchern anziehen.

oben: Altes Rathaus
unten: Burg Botenlauben

Bad Neustadt/Saale, Marktplatz

4 | Bad Neustadt/ Saale

Die Stadt an der Einmündung der **Brend** in die Fränkische Saale ist karolingisches Siedlungsgebiet. Seit dem Jahr 1000 gehört sie zum Herrschaftsbereich der Würzburger Fürstbischöfe. Im 13. Jahrhundert wird sie zur befestigten Stadt ausgebaut, 1282 erhält sie die Stadtrechte. Seitdem trägt die Siedlung den Namen „**Nova Civitas** – Neue Stadt“. Die Altstadt ist aus der Vogelperspektive als „Herz“ zu erkennen. Ihr Mittelpunkt ist der **Marktplatz**, auf dem das bunte Leben auch heute noch pulsiert. Von der alten **Stadtbefestigung** sind große Teile erhalten und auch zu erwandern. Das bekannteste der vier Stadttore ist das **Hohntor** von 1579 mit neun Stockwerken.

Sehenswert ist im Stadtzentrum die ehemalige **Karmeliten-Klosterkirche** St. Peter und Paul. Das Kloster wurde 1352 gegründet und fiel 1803 der Säkularisation zum Opfer. Die Kirche bietet viele architektonische Kostbarkeiten aus ihrer Geschichte: Neueste Forschungen ergaben, dass die **Stadtpfarrkirche** Mariä Himmelfahrt, entworfen und gebaut von H. A. Geigel um 1794, zum Hauptwerk des Frühklassizismus in Franken zählt. „Kein Bauwerk dieser Periode kommt der Neustädter Kirche an künstlerischer Bedeutung gleich“. (Stefan Kummer, „Ein erhabenes Gebäude“)

Bad Neustadt/Saale ist heute die florierende Kreisstadt des Landkreises Rhön-Grabfeld mit Kureinrichtungen, weltweit bekannten Spezial-Kliniken und heimischer Industrie.

Ein Stadtteil der Kreisstadt Bad Neustadt/Saale ist **Brendlorenzen**, ein altes Straßendorf. Einen

links oben: Wehrkirche St. Laurentius
links unten: Alte Gasse und Hohntor

oben: Stadtpfarrkirche

Besuch wert ist hier die **Laurentiuskirche**, besser gesagt das „Kirchlein", welches schon äußerlich durch Schlichtheit und Anmut besticht. Es handelt sich um eine mittelalterliche Wehrkirche bzw. Wehranlage mit hoher Ringmauer und einem Chorturm aus der 1. Hälfte des 13. Jahrhunderts.
Kaum einen Kilometer von Bad Neustadt entfernt liegt das **„Lindendorf" Salz** mit einer historischen „Tanzlinde". Der Ort findet bereits 742 eine erste urkundliche Erwähnung. Vermutet wird hier eine Kaiserpfalz Karls des Großen (Pfalz Salce), die 790 anlässlich eines Besuches des Kaisers erwähnt wird. Herrscherbesuche sind belegt. 300 Jahre später kommt das Königsgut Salz mit dem gesamten Salzforst zum Bistum Würzburg.

5 | Bischofsheim a. d. Rhön

Das Städtchen **Bischofsheim** an der Rhön liegt direkt am Fuße des gewaltigen Kreuzbergmassivs im Tal der Brend, die unweit des Stadtteils Oberweißenbrunn am Hang des Himmeldunkberges entspringt. Eine erste urkundliche Erwähnung liegt erst aus dem 13. Jahrhundert vor. Keltische Funde in der Gegend belegen jedoch eine Besiedelung schon vor Christi Geburt. Der Name Bischofsheim soll auf den hl. Bonifatius zurückgehen. Er habe als Bischof von Fulda aus die Kaiserpfalz Salz öfter besucht und wohl hier an der Brend eine Rast eingelegt und schließlich eine Siedlung errichtet.
Das Städtchen ist fränkisch geprägt mit vielen Fachwerkhäusern im Zentrum, mit netten romantischen Gässchen und teilweise mittelalterlichem Kopfsteinpflaster. Teile der **Stadtmauer** sind erhalten geblieben. Um den **Marktplatz**, der das Zentrum bildet, gruppieren sich die wichtigsten Einrichtungen einer Kommune wie Sparkasse, Apotheke, Cafés, Geschäfte und Gaststätten, das Rathaus, ein Notariat, die Tourist-Information und eine Buchhandlung. Sehenswert sind auf diesem zentralen Platz ein alter Kornmessstein und zwei gut erhaltene gusseiserne Brunnen aus dem Jahr 1582. Die Silhouette der Stadt wird beherrscht durch den gewaltigen **Zentturm** im Rentamt. In seinem Innern wird Mittelalter noch heute erlebbar, wenn die alte Wendeltreppe erstiegen werden muss.
Bischofsheim beherbergt die älteste **Holzschnitzschule** Deutschlands, gegründet 1853. Da in früheren Zeiten oftmals große Armut herrschte, musste nach Möglichkeiten zum Broterwerb gesucht werden. Holz war im Umland zur Genüge vorhanden, und so kam es zur Gründung einer Schule für Holzschnitzer. Heute trägt sie den Namen „Staatliche Berufsfachschule für Holzbildhauer“. Viele Holzschnitzer der Rhön haben in dieser Einrichtung ihr Handwerk erlernt.
Seit wenigen Jahren existiert in der Stadt eine **russisch-orthodoxe Kirche**. Viele Umsiedler, welche nach dem Zerfall der Sowjetunion Ende des 20. Jahrhunderts ihr Land verlassen haben, fanden in dieser Kirche eine neue geistige Heimat. Die katholische **Pfarrkirche St. Georg** ist eine nachgotische Basilika aus der Zeit von 1607–10 mit einem „Echter-Turm“. Diese sog. Echter-Türme findet man in der Rhön recht oft. Fürstbischof Julius Echter (1545–1617) ließ sie in den Orten errichten, wo die Bewohner nach der Reformation wieder zum katholischen Glauben zurückkehrten.
Der Ortsteil **Haselbach** verfügt über ein Kirchlein mit einer Besonderheit, die weit und breit gesucht werden muss: Im Obergeschoss der Kirche befand sich früher eine Wohnung! Vor dem Kirchlein steht eine gewaltige Dorflinde. Sie war und ist Treffpunkt zur Pflege alter Rhöner Bräuche. Zur Kirchweih wird dort getanzt und auch zu Fasching trifft sich dort alt und jung.
Am sog. **Kiliansbrunnen** soll der Legende nach der hl. Kilian die ersten Christen in der Fränkischen Rhön getauft haben. Am Ende des schmucken Straßendorfes beginnt der Aufstieg zum Kreuzberg, die sog. **„Kniebreche“**. Der Wanderweg erhielt diesen Namen, weil es in der Tat sehr steil hinauf (oder hinab) geht zum Kloster und zur Kirche. Das **Kloster** gehört zur Stadt Bischofsheim und ist in den letzten Jahren – u. a. durch das berühmte Klosterbier – ein viel besuchter Touristenmagnet geworden, im Som-

oben: Blick auf Bischofsheim
unten: Marktplatz mit Zentturm im Hintergrund

Landgasthau
Das fröhliche Bier vom Land.

oben: Rothsee
unten: Osterburg

mer zum Wandern und im Winter floriert der Wintersport, denn auf dem Kreuzberg und am Arnsberg können sich die Skifahrer mit Hilfe von insgesamt fünf Liften die Berge hinaufziehen lassen und auf unterschiedlich schweren Pisten zu Tal wedeln.

Da die Rhön an Gewässern nicht sehr reich ist, sei an dieser Stelle auch der **Rothsee** in der Nähe der Stadt Bischofsheim erwähnt. Er ist ob seiner Idylle ein lohnendes Ausflugsziel mit kleiner Gastronomie. Zu erreichen ist er über Wanderwege ab Bischofsheim oder per PKW über die Hochrhönstraße.

Die Osterburg

Fährt der Besucher von Bischofsheim in Richtung Kreuzberg, kommt bald die **Osterburg** ins Blickfeld. Der Berg erhielt seinen Namen von der Burg, die seit den Jahren 1170/80 den Gipfel zierte. Wie viele derartige Burganlagen verfiel sie im Laufe ihrer Geschichte. Es wuchs im wahrsten Sinn des Wortes Gras darüber. Im Jahr 1897 entdeckte jedoch Forstmeister Max Fuchs bei Forstwegearbeiten alte Mauerreste. Sie weckten sein Interesse und er begann mit Ausgrabungsarbeiten. Er konnte auch den Bergfried wieder aufbauen. Dieser musste jedoch, wahrscheinlich wegen unsachgemäßer Bauarbeiten, gesprengt werden. Und erneut wuchs Gras über diese Burgruine. Mehr als 100 Jahre dauerte der „Dornröschenschlaf", bis sich 2007 eine Gruppe begeisterter Heimatfreunde zusammenfand, um den „Förderverein Freunde der Osterburg" zu gründen. Mit Unterstützung durch Kommune, Landkreis, Bezirk Unterfranken und weitere staatliche Stellen konnte mit den Grabungsarbeiten begonnen werden. Zu Tage kamen **Mauerreste**, die eine Anlage großen Ausmaßes vermuten lassen sowie vier Meter hohe Basaltsäulen, auf welchen die einstige **Ganerbenburg** ruhte. Im Jahr 2012 zeigt sich eine gewaltige Burganlage, die restauriert und wieder aufgebaut jeden Freund mittelalterlicher Anlagen erfreut. Schautafeln geben reichlich Auskunft über die lange und interessante Geschichte. Die Ruine der Osterburg ist zu einem Besuchermagnet der Fränkischen Rhön geworden, denn sie ist auf bequemen Wanderwegen leicht zugänglich.

links: Kirche des Benediktinerklosters; rechts: Kapelle

6 | Breitungen

Der flächenmäßig große Ort geht auf drei Siedlungen zurück: Altenbreitungen, Frauenbreitungen, Herrenbreitungen.
Frauenbreitungen entstand durch ein Kloster der Augustinerinnen, welches bis 1528 bestand. Herrenbreitungen verdankt seine Entstehung ebenfalls einem Kloster, aber einem Herrenkloster der Benediktiner. Die restaurierte, nach der Zerstörung im Dreißigjährigen Krieg wieder verkleinert aufgebaute **Basilika** wurde 1112 als Kirche des Benediktinerklosters geweiht. Ihr romanischer Ursprung ist unverkennbar.

Ein Schmuckstück der Gemeinde Breitungen ist die kleine **Kapelle**, die sich heute in der Obhut des Rhönklub-Zweigvereins befindet. Sie hat eine wechselvolle Geschichte hinter sich. Es handelt sich um einen sehenswerten Fachwerkbau im hennebergisch-fränkischen Stil. Vermutet wird sogar, sie sei eine Wallfahrtskapelle gewesen, aber auch ein dörfliches Rathaus wäre möglich. Im Jahr 1670 wurde sie als Gemeindehaus bezeichnet. In der Nutzung hat sie im Laufe ihrer Geschichte viele Veränderungen erlebt: Wohnung, Gefängnis, Unterkunft für Randalierer.

Fränkisches Freilandmuseum Fladungen: alte Dampflok

7 | Fladungen

Ganz im Norden Bayerns liegt das sympathische Städtchen **Fladungen**. Es beeindruckt seine Gäste nur, wenn es zu Fuß durchwandert wird. In einer alten Aufzeichnung heißt es über den „Rhöner Kreis“ (in der Fränkischen Rhön): „Fladungen hat's Holz!“ Zeugnis davon legen die vielen **Fachwerkhäuser** im Zentrum ab.

Der Ort wird bereits 789 in einer Urkunde des Klosters Fulda erwähnt. Auch um diesen Besitz stritten sich die Bischöfe von Würzburg und die Fürstäbte Fuldas wie vielerorts in der Rhön. Nach der Säkularisation wurde Fladungen durch einen Vertrag endgültig bayerisch.

Eine besondere Attraktion für Eisenbahnfreunde stellt die heute noch befahrbare Bahnstrecke Mellrichstadt-Fladungen dar. Das sog. **„Rhönzügle“** verkehrt an vielen Sonntagen im Sommer bis Oktober. Auskünfte erteilt das Freilandmuseum unter Tel. 09776/9123-0.

Bekannt ist Fladungen besonders durch sein **Fränkisches Freilandmuseum**, welches ständig durch alte, andernorts nicht mehr nutzbare Gehöfte, Hofstellen, Mühlen usw. erweitert wird. Es vermittelt Eindrücke über das Leben in der Rhön, über die Bauweisen der Häuser, Kirchen und Schulen sowie über Braukunst, Schnapsbrennen und Gartenkultur. Für Kinder gibt es besondere Kurse, in denen Geschichte durch eigenes Erleben kindgerecht vermittelt wird.

Das alte **Amtshaus** aus dem Jahr 1628 beherbergt heute das Rathaus und das **Rhönmuseum**.
Die alte **Stadtbefestigung** mit Türmen (Maulaffenturm) ist in großen Teilen erhalten und wird liebevoll gepflegt und restauriert. Auf einer Altstadtrunde mit Informationstafeln kann Mittelalter aufgespürt werden. Sehenswert ist auch die **Stadtpfarrkirche** aus den Jahren 1601–28. Außerhalb des Stadtzentrums lädt die **Gangolfskapelle** zu einem Spaziergang ein.

oben: Turm der ehemaligen Stadtbefestigung
unten: Im Freilandmuseum

links: Heimatblick; rechts: Gangolfskapelle

Der Heimatblick

Auf dem Salkenberg befindet sich eine kleine Hütte, von der aus der in Thüringen liegende Ort Kaltensundheim zu erspähen ist. Im Zuge der Stacheldraht-Grenzziehung mitten durch Deutschland in den 60er Jahren des 20. Jahrhunderts als Folge des verlorenen Zweiten Weltkrieges haben auch aus Kaltensundheim Bewohner die Flucht in den „Westen" gewagt. Ihr Heimweh war bald so groß, dass sie sich hier oben in der Rhöneinsamkeit trafen, um weinend in ihren Heimatort zu schauen. So entstand bei solchen Treffen der Wunsch, eine kleine **Gedenkstätte** zu errichten. Ein Gedicht war rasch formuliert, wurde in Stein gesetzt und in dem Hüttchen befestigt. Bald hieß im Umland der Platz nur noch **„Der Heimatblick"**. Aus Anlass der 10. Wiederkehr der Wiedervereinigung Deutschlands im Jahr 2000 hat der Rhönklub e. V. vor der Gedenkstätte einen Rhönbaum gepflanzt. Von hier sind es auch nur wenige Schritte, um die ehemalige innerdeutsche Grenze nach Thüringen zu passieren. In die andere Richtung führt der Blick vom Salkenberg in das „Land der offenen Fernen" bis weit nach Thüringen hinein.

Stadtschloss

8 | Fulda

Wer heutzutage der osthessischen Stadt **Fulda** einen Besuch abstattet, erlebt eine pulsierende und vor allem liebenswerte Stadt. Kaum einer wird sich die Frage stellen, wie es vor etwa 1300 Jahren an diesem Ort ausgesehen haben mag. Das gesamte Umland der Stadt war damals ein riesiges Waldgebiet, von Buchen bewachsen. Deshalb wurde es später als „Buchonia" beschrieben. Das Talgebiet um die Stadt Fulda war schon zur Steinzeit besiedelt. Im Jahr 744 wird im Auftrag des hl. Bonifatius durch Abt Sturmius ein Benediktinerkloster gegründet, welches zwei große Blütezeiten erlebte. Im Laufe von 30 Jahren entstand an der Schwelle zum 9. Jahrhundert durch die Äbte Baugulf, Ratgar und Eigil die größte Stiftskirche nördlich der Alpen: die **Ratgarbasilika**. Diese wurde zu Beginn des 18. Jahrhunderts durch den **Hohen Dom**, erbaut von Johann Dientzenhofer, ersetzt. Bis zum heutigen Tag ist der Dom Grabes- und Wallfahrtskirche des heiligen Bonifatius.

Hatte einst die Fuldaer Klosterschule, erbaut unter Abt Rabanus Maurus in den Jahren 822–842, Weltruhm erlangt, so steht in unseren Tagen das Barockviertel im Mittelpunkt jeglichen Interesses. Residenzschloss, ebenfalls ein Werk Dientzenhofers, Schlosspark, Pauluspromenade und Orangerie, erbaut von Andreas Gallasini, mit großer Freitreppe und gewaltiger Floravase sind,

Fulda, Barockviertel: der Dom; rechts: Schlossgarten mit Orangerie

wie der Dom, Beispiele eines unverfälschten Barock. Sie bilden ein Ensemble in diesem sog. Barockviertel. Stadtführungen sind über die Tourist-Info (Tel. 0661/102 1813) zu buchen.
Der größte Schatz der Stadt ist jedoch die **Michaelskirche** neben dem Dom. In den Jahren 820 bis 822 wurde sie als Friedhofskapelle für das Kloster erbaut. Sie zählt zu den bedeutendsten mittelalterlichen, noch vollständig erhaltenen Sakralbauten Deutschlands. Kunst- und Geschichtsfreunde werden beeindruckt sein von dieser fantastischen Architektur.
Selbstverständlich bietet die Stadt noch viele weitere Kostbarkeiten aus ihrer langen Geschichte: die **Stadtpfarrkirche** mit Doppelturmfassade und Freitreppe sowie mit Fresken und Gemälden von Johann Andreas Herrlein; die Benediktinerinnen-Abtei **St. Maria** aus dem Jahr 1626 mit einem erhöhten Altarraum; **das Vonderau-Museum**; seit 1623 das **Franziskanerkloster Frauenberg** hoch über der Stadt (von hier oben fantastischer Blick auf die ganze Stadt!) und im Stadtteil Neuenberg die **St. Andreaskirche** mit Fresken aus dem Jahr 1023 u. v. m.

oben: Propstei Johannesberg
unten: St. Michael

Vom Stadtzentrum etwas entfernt liegt der Stadtteil **Johannesberg**; dort befindet sich eine ehemalige Klosteranlage aus dem 9. Jahrhundert, die 1715–53 eine barocke Umgestaltung erfuhr und zur Propstei wurde. Heute ist sie Fortbildungszentrum für Handwerk und Denkmalpflege und dem Land Hessen unterstellt. Die Anlage beinhaltet auch einen großen Garten und ist auf jeden Fall einen Besuch wert, ebenso das **Schloss Fasanerie** (früher Schloss Adolphseck), das Sommerschloss der Fuldaer Fürstäbte in der nahe gelegenen Gemeinde Eichenzell. Es gilt als das schönste Barockschloss Hessens.

Dachlandschaft der Stadt Geisa

9 | Geisa

Mit einer weit zurückreichenden Geschichte kann die Stadt **Geisa** aufwarten. In unmittelbarer Nähe zur ehemaligen innerdeutschen Grenze gelegen, war sie über fast 50 Jahre während der DDR-Diktatur zu einem Dornröschenschlaf verurteilt. Nur etwa zwei Kilometer vom Stadtzentrum entfernt, standen sich Ost- und Westmächte Auge in Auge gegenüber. Dieser **„Point Alpha“** wurde als heißester Punkt im „Kalten Krieg“ bezeichnet. Heute ist dieses Areal mit dem Haus auf der Grenze zu einer Mahn-, Gedenk- und Begegnungsstätte geworden, deren Besuch unbedingt zu einem Rhön-Urlaub gehört.

Die Stadt selbst ist für einen Kulturfreund reich an Sehenswürdigkeiten. Ihre Entstehung geht auf die Jahre vor 778 zurück, denn in dem Jahr ging „Geisaha“ schon durch einen Tausch (Urkunde Codex Eberhardi) an den Fuldaer Abt Ratgar. Bis zur Säkularisation (1803) gehörte Geisa zu Fulda. Die Altstadt ist gut erhalten und teilweise noch mit einer Mauer aus dem 13. Jahrhundert umgeben. Der Bauernkrieg (1525), die Pest und der Dreißigjährige Krieg (1618–1648) haben der Stadt im Ulstertal schwer zugesetzt.

Das Stadtbild wird beherrscht von der katholischen **Stadtpfarrkirche** mit ihrem 38 m hohen fünfgeschossigen Turm. Das ehrwürdige Bauwerk aus dem Jahr 1489 ist eine architektonische „Perle“. Zu den Schätzen gehören der Opferstock

oben links: Stadtpfarrkirche
oben rechts: Hauptaltar
unten: Friedhofskapelle mit Außenkanzel

und der Taufstein aus dem Jahr 1517. Seit wenigen Jahren erst besitzt der Turm ein automatisches und per Hand bedienbares Carillon, welches dreimal am Tag erklingt.

Zum Altstadtbereich gehören das **Amtsgericht** (1540) sowie das **Schloss** (18. Jahrhundert), welches von Johann Dientzenhofer erbaut wurde und den Fuldaer Fürstäbten als Sommerresidenz diente. Hinter dem Ensemble befindet sich der **Gangolfipark** mit einem Gedenkstein für den bedeutendsten Sohn der Stadt, den Universalgelehrten des Mittelalters, Athanasius Kircher. Im Park befindet sich auch das gut erhaltene **Zentgericht**. Es handelt sich um eine aus dem Mittelalter stammende Gerichtsstätte, in welcher auch über Todesurteile verhandelt worden ist. Auf dem Gangolfiberg sollte dem Friedhof ein Besuch abgestattet werden, denn die **Friedhofskapelle** aus dem Jahr 1461 weist eine Besonderheit auf: eine Außenkanzel.

Gersfeld: Schloss

10 | Gersfeld

Gersfeld wird gern als „die heimliche Hauptstadt der Rhön" bezeichnet. Beim Blick auf die Rhönwanderkarte wird deutlich, dass das Städtchen tatsächlich „Mitten drin im Rhöner Garten" liegt. Die Siedlung erfuhr bereits 944 urkundliche Erwähnung. Etwa 100 Jahre später kam sie unter fuldische Herrschaft. Im Laufe ihrer Geschichte geriet sie mal zum Herrschaftsbereich Würzburg, mal zu Fulda. Das blieb so bis nach der Säkularisation. Nach dem vaterländischen Krieg 1866 wurde die Stadt hessisch und ist dies bis heute. Zwei gewaltige Brände zerstörten 1756 und 1814 große Teile des historischen Bestandes. Erhalten geblieben ist die sehenswerte **Barockkirche** aus dem Jahr 1778. Sie zählt heute zu den bedeutendsten evangelischen Bauwerken Hessens. Der historische **Marktplatz** mit schönem Fachwerkensemble strahlt besonders im Sommer Beschaulichkeit aus. Straßen- und Eiscafés laden zum Verweilen ein. Mitten im Stadtbereich befindet sich auch das **Barockschloss** aus dem Jahr 1740, umgeben von einem großen „englischen" Park, welcher der Öffentlichkeit zugänglich ist, obwohl das Schloss privat bewohnt wird. Die reich mit Bäumen bestückte, sehr gepflegte Anlage gehört zu den „Schätzen" der Rhön.

Im Gasthof „Zum Hirsch" wurde 1876 der **Rhönklub** gegründet – ein Verein, der es im Laufe

oben: Schlosspark mit Klinik
unten: Blick auf Gersfeld

seiner Geschichte bis heute auf 24 000 Mitglieder brachte.

Etwa einen Kilometer vom Zentrum der Stadt entfernt liegt der 50 Hektar große **Wildpark Gersfeld**, der 1972 errichtet worden ist. Er gilt als der natürlichste Wildpark Deutschlands, denn das Gelände wurde nahezu in seinem Ursprungszustand belassen. Jährlich besuchen etwa 60 000 Natur- und Tierfreunde das Areal. Alle Wege durch den Park sind rollstuhlgerecht angelegt. Vor allem Kindern bietet er die Möglichkeit, die etwa 150 Tiere aus ganz Europa kennenzulernen. Ein Kinderspielplatz und ein Streichelzoo sind ebenso vorhanden wie ein Gastronomiebetrieb und ein Parkplatz.

Zu guter Letzt ist zu erwähnen, dass Gersfeld mit der **Wasserkuppe** als Hessens höchster Erhebung (950 m üNN) als die „Wiege des Segelflugs" gilt.

11 | Hammelburg und der Sodenberg

Ganz am Rande der Rhön, am Lauf der Fränkischen Saale, liegt die Stadt **Hammelburg**, die bereits 716 urkundlich erwähnt wird. Bekannt ist sie vor allem durch ihren hervorragenden Frankenwein. Stolz kann sie sich „älteste Weinstadt Frankens“ nennen. Eine Urkunde aus dem Jahr 777, unterzeichnet von Kaiser Karl dem Großen, belegt die Schenkung der Stadt an das Kloster Fulda. Bis zur Säkularisation 1803 blieb Hammelburg fuldisch. 1816 kam es zum neuen Staat Bayern.

Neben den verschiedenen guten Weinen hat die Saalestadt aber auch viele kulturhistorische Kostbarkeiten zu bieten, welche der Besucher auf der sog. Altstadt-Runde im Alleingang oder im Rahmen einer Führung erkunden kann (Tel. Tourist-Info: 09732/902-430). So sind z. B. noch drei Türme der alten Stadtbefestigung erhalten. Die kath. **Stadtpfarrkirche** St. Johannes der Täufer, ein Hallenbau aus spätgotischer Zeit, birgt Wandmalereien aus dem 14. Jahrhundert und interessante Grabsteinplatten. Das **Stadtmuseum „Herrenmühle“**, um das Jahr 1700 als Getreidemühle erbaut, enthält eine sehenswerte Dauerausstellung zum Thema „Brot und Wein“ und zeigt dem Besucher, wie die Stadt durch den Wein geprägt worden ist. Das

Rotes Schloss

Kellereischloss, im Volksmund wegen des roten Sandsteines **„Rotes Schloss"** genannt, erbaute Andreas Gallasini aus Lugano. Es handelt sich um eine vierflüglige Anlage, die an der Westfront im Giebel ein Prunkwappen des Fuldaer Fürstabtes Adolf von Dalberg zeigt. Dieses Residenzschloss diente den Fuldaer Fürstäbten als Sommersitz. Ein besonderes Schmuckstück stellt der Marktplatz mit dem **Renaissancebrunnen** und dem **Rathaus** dar, in dem noch ein historischer Weinkeller mit wunderbar erhaltenen alten Holzfässern existiert. Bereits 1343 entstand mitten in der Stadt ein **Bürgerspital**. Nach einem Feuer im Jahr 1854 brannte es nieder. Das „Brandkreuz" befindet sich in der heutigen Spitalkirche **St. Nikolaus**.

oben: Schloss Saaleck
Mitte: Blick auf Kloster Altstadt und Schloss Saaleck
unten: Markt mit Brunnen und Rathaus
unten links: Stadtpfarrkirche

links: Gedenksteine Sodenburg; rechts: Thüngenkapelle

Auf einem Bergsporn hoch über dem Tal der Fränkischen Saale erhebt sich **Schloss Saaleck**, eine Amtsburg aus dem 12. Jahrhundert. Vom Bergfried, der bis 1749 als Gefängnis diente, hat man an klaren Tagen einen weiten Blick bis zu den Höhen der Rhön. Die gepflegte Burganlage diente einst als Hotel, steht aber heute leer.

Etwas abseits der Stadt, unterhalb von Schloss Saaleck, befindet sich das **Kloster Altstadt**, ein Franziskanerkloster aus dem Jahr 1656. Es wurde den 14 Nothelfern (zu sehen in der barock ausgestatteten Klosterkirche) geweiht. Wenige Jahre nach dem Einzug der Franziskaner fiel es einem Brand zum Opfer und wurde 1698 erneut aufgebaut. Es gilt als schönstes Beispiel des Fuldaer Barock. Dem Kloster angegliedert ist seit mehreren Jahren die Bayerische Musikakademie auf dem Gelände der ehemaligen Felsenkeller-Brauerei. Vom Klosterhof aus führt ein barocker **Kreuzweg** mit 14 Stationen zu einer **Kreuzigungsgruppe** hinauf zum Schlossberg. Von der Kreuzigungsgruppe führt der Weg über Sandsteintreppen zum Kloster zurück. Diese kleine Rundtour kann durchaus empfohlen werden.

Der Hausberg der Hammelburger ist der **Sodenberg**, mit 506 m üNN der südlichste Basaltdurchbruch der Rhön. Der eigentliche Gipfel liegt im Wald verborgen. Durch ehemaligen Basaltabbau ist historische Bausubstanz der Thüngenburg und der Wallanlagen verloren gegangen. Die **Wallfahrtskapelle** ist jedoch noch erhalten und ist auch Ziel von Wallfahrern geblieben. Die Aussicht von einem unteren kleinen Gipfel (mit zwei Gedenksteinen) ist fantastisch. Weite Teile dieses unteren Gipfelbereiches sind wegen der reichhaltigen einzigartigen Trockenrasenflora Naturschutzgebiet. Mitten in einem Feld befindet sich das sog. **Gisela-Kreuz**, von dem eine Sage (siehe Infotafel) berichtet. Das Kreuz ist das älteste erhaltene Klein-Kulturdenkmal im Raum Hammelburg. Es stammt aus dem 12. Jahrhundert.

Rathaus Hünfeld

12 | Hünfeld

Hünfeld wird gern das Tor zur Rhön genannt. Der Name der Stadt leitet sich vom Fluss Haune ab, der sie durchfließt. Bereits 781 erfolgte eine erste urkundliche Erwähnung. Karl der Große schenkte das Terrain dem Kloster Fulda, welches im 9. Jahrhundert eine „Cella in Huniofeld" errichtete. Im Jahr 883 hatte der Konvent bereits 33 Mönche und mehrere Schüler. Durch einen Einfall der Ungarn wurde das Kloster, um das sich eine Siedlung gebildet hatte, zerstört. Die **Antsanvia**, eine bedeutende Heer- und Handelsstraße des Frühmittelalters, durchquerte diesen Ort. Doch diese Straße brachte nicht nur Segen für die aufstrebende Kommune. Bei mehreren Kriegen durchzogen marodierende Soldaten den Ort. Napoleon durchquerte allein neunmal diese Stadt. Im Jahr 1888 zerstörte ein Großbrand fast das gesamte Stadtzentrum. Heute zeigt sich ein modernes und sauberes Stadtbild. Mehrere Industriebetriebe haben sich niedergelassen. Die Stadt konnte sich ausdehnen und positiv entwickeln. Im Zentrum befindet sich das nach dem Großbrand neu errichtete **Rathaus**. Auf dem höchsten Punkt der Stadt steht die **St. Jakobuskirche** in ursprünglich wehrhafter Lage. Die dreischiffige Hallenkirche wurde 1517 begonnen. Romanische und spätgotische Teile sind erhalten. In unmittelbarer Nähe des Gotteshauses befindet sich das **Konrad-Zuse-Museum**. Konrad Zuse (1910–1995) hat bereits im Jahr 1941 den sog. **Z3** gebaut, den ersten vollautomatischen und programmgesteuerten Computer der Welt. Dieser befindet sich, fast so groß wie ein Kleiderschrank, in diesem Museum. Er ist noch voll funktionstüchtig! Außerdem gibt es noch das **Museum Modern Art** zu besichtigen. Die Stadt zeigt sich kunstfreudig, denn auch im großzügig angelegten Park finden sich mehrere Kunstobjekte. Zu Hünfeld gehört auch **„Die Praforst"**, ein bekanntes Ausflugsziel mit Gaststätte in einem ehemaligen Forsthaus mit angrenzendem Golfplatz.

Konrad-Zuse-Denkmal im Park

links: Stadtpfarrkirche; rechts: Büchnersches Hinterhaus

13 | Meiningen

Die Stadt **Meiningen** liegt im Tal der Werra im südlichen Thüringen. Vom Ursprung her handelt es sich um eine fränkische Siedlung, die erstmals 982 urkundliche Erwähnung findet. Zum Hochstift Würzburg gehörend, entwickelte sie sich zum Zentrum einer Mark. Um das Jahr 1000 begann der Bau der **Stadtkirche St. Marien**. Bereits 1153 erhielt die Siedlung erste **Stadtrechte**. 1542 kam sie in den Besitz der Henneberger Grafen, aber das Geschlecht der Henneberger starb bereits 1583 aus. Dennoch wurde Meiningen Verwaltungssitz des Henneberger Landes. Durch Barchent- und Leinenweberei erlebte die Stadt eine wirtschaftliche Blütezeit; die schließlich durch die Folgen des Dreißigjährigen Krieges abrupt beendet wurde. Ab 1680 war Meiningen dann Residentstadt des Herzogtums Sachsen-Meiningen. Die **Elisabethenburg** wurde gebaut und eine Hofkapelle ins Leben gerufen.

Große Bekanntheit erlangte die Stadt durch den Theaterherzog Georg II. Er setzte Ende des 19. Jahrhunderts am Hoftheater eine Reform durch, verpflichtete für die immer noch existierende Hofkapelle berühmte Kapellmeister und verschaffte dem **Theater** einen ausgezeichneten Ruf, der bis in unsere Tage anhält. Berühmte Musiker haben in Meiningen gewirkt, so u. a. Hans von Bülow und Max Reger. Das Theater erstrahlt nach einer Renovierungs- und Sanierungsphase seit April 2012 wieder in altem Glanz. Georg II. war es auch, der sich für die Sa-

Elisabethenburg

nierung des heute unter Denkmalschutz stehenden **Büchnerschen Hinterhauses** einsetzte, ein Fachwerkbau von 1596. In die Regierungszeit Georgs II. fällt auch der Großbrand von 1874, der weite Teile der Stadt in Schutt und Asche legte. Im gleichen Jahr erhielt Meiningen einen Bahnhof, welcher die Stadt mit der Welt verband. Nach wechselvoller Territorialgeschichte kam Meiningen schließlich 1929 zum Land Thüringen.

Am 23. Februar 1945 zerstörte ein verheerender Luftangriff große Teile der Stadt, die schließlich von der US-Army eingenommen wurde. Und am 6. Juli übergaben die Amerikaner sie an die Rote Armee. Damit geriet Meiningen unter russische Verwaltung und war bald Teil der DDR. Nach der Wiedervereinigung 1989/90 gehörte die Stadt wieder zum Land Thüringen, aber nicht mehr zum „Bezirk" Suhl, sie wurde eigene Kreisstadt des Landkreises Schmalkalden-Meiningen.

Mit einer besonderen Attraktion kann die Stadt an der Werra aufwarten. Im Jahr 1915 entdeckte der Hausbesitzer Reinhold Goetz bei der Anlage eines Gartens am Muschelkalkhang eine kleine Höhle. Er hatte damit die größte Kluft- und Spaltenhöhle dieser Art in Deutschland gefunden, die nach ihrer Erschließung seit 1934 seinen Namen trägt. Entstanden ist sie vor etwa 25 000 Jahren durch die Abrutschung des Hanges zur Werra hin. Bis zu 50 m hohe Schluchten und Spalten sind in der **Goetz-Höhle** begehbar (www.goetzhoehle.com). Von 1970 bis zum Jahr 2000 war sie aus Sicherheitsgründen geschlossen. Durch die Gründung eines Fördervereines im Jahr 1996 konnte sie saniert und dadurch der Öffentlichkeit wieder zugänglich gemacht werden.

14 | Mellrichstadt

Mellrichstadt gilt als älteste Siedlung im Streutal inmitten einer vor- und frühgeschichtlichen Landschaft. Das Gebiet ging durch eine Schenkung der Karolinger an das Hochstift Würzburg. Im Jahr 1232 erfolgte die Stadterhebung und die Befestigung durch Mauern. Schon bei der Anfahrt nach Mellrichstadt, sei es von Thüringen aus oder von Franken, erscheinen die alten Wachtürme, **Suhlesturm** und **Galgenturm**, mitten in der Feldflur. Wie viele andere Städte hat auch Mellrichstadt sowohl durch den Bauernkrieg als auch durch Brandkatastrophen gelitten. Dennoch konnte die mittelalterliche Stadtstruktur weitgehend erhalten werden. Zu bewundern sind lauschige Gässchen (Bauerngasse) mit schönen Fachwerkhäusern sowie gewaltigen – für das Grabfeld typischen – Hoftoren und Einfahrten. Vom Steilhang zur Streu bietet sich noch heute das eindrucksvolle Bild der mittelalterlichen Befestigung einer Stadt mit Türmen und Toren aus dem 12. Jahrhundert. Der Mauerring ist fast vollständig erhalten und kann erwandert werden. Von der Kirche **St. Kilian** – nachgewiesen sind drei Vorgängerkirchen – ist ein Turm aus dem 13. Jahrhundert erhalten. Er ist der Romanik zuzuordnen. Auch der Taufstein stammt aus dieser Zeit. In der Turmkapelle ist ein originelles, wohl einmaliges Sakramentshäuschen zu bewundern. Geschichte geschrieben hat Mellrichstadt nach dem 9. November 1989, als nach der Grenzöffnung zwischen Henneberg und Eußenhausen Tausende Besucher aus der DDR kamen, um mit ihrem Begrüßungsgeld einzukaufen. Durch die 40 Jahre andauernde Grenzziehung zwischen Bayern und Thüringen hatte die Stadt ihr „Hinterland“

oben: Stadtpfarrkiche St. Kilian
unten: Bürgerturm

links: im Heimat-Museum Salzhaus
rechts: Pulverturm

verloren. Bis zur innerdeutschen Grenze „auf der Schanz" sind es Luftlinie nur 3 km. In den Novembertagen 1989 glich die Stadt einem Ameisenhaufen. Es wimmelte von Trabis und glücklichen Menschen, die sich in die Arme fielen.

Immer einen Besuch wert ist das **Heimatmuseum Salzhaus**. Untergebracht ist es in einem Fachwerkhaus aus dem 16. Jahrhundert. Hier wird die Stadtgeschichte lebendig. Bei Sonderführungen erfährt der Besucher interessante Einzelheiten über das „Leben und Arbeiten wie anno dazumal" (Auskünfte unter Tel. 09776/9241 oder 09776/8414). An folgenden Tagen ist das Museum geöffnet: Sonntag von 14.00–16.00 Uhr.

Stadtmauer an der Streu

Marktplatz

Blick in die Jörgentorgasse

15 | Münnerstadt

Münnerstadt liegt im Tal der Lauer, einem Nebenfluss der Fränkischen Saale. Das mittelalterliche fränkische Stadtbild begeistert jeden Kunstfreund. Der **Mauerring** mit drei **Tortürmen** ist fast vollständig erhalten. Der vierte früher noch existierende Torturm fiel im Zweiten Weltkrieg einer Sprengung zum Opfer, die von amerikanischen Truppen befohlen worden war.

Das Terrain um Münnerstadt ist uraltes Siedlungsgebiet. Funde aus der Jungsteinzeit (4500–2100 v. Chr.) sowie aus der Hallstattzeit (750–400 v. Chr.) weisen Rodung, Feldbestellung und Handel auf diesem fruchtbaren Boden des Grabfeldes nach. Auf dem Michelsberg ist die **Grabfeldonoburg** mit einem Dorf im Lauertal bereits im 5. Jahrhundert nachgewiesen. Die Michelskirche (810) war Urpfarrei im Münnerstädter Raum. Eine Urkunde aus dem Jahr 770 erwähnt die Schenkung dieser Siedlung an das Kloster Fulda. Insgesamt 18 Urkunden künden von der großen Bedeutung dieses Ortes in karolingischer Zeit.

Das Geschlecht der Grafen zu Henneberg mehrte den Besitz. Um 1230 wurde die Siedlung durch Mauern befestigt. Durch Handel und Handwerk blühte der Ort auf. 1335 erhielt er das Stadtrecht. Die **Henneberger** förderten Handel und Handwerk, und die wehrhafte Stadt wurde zum Stützpunkt gegen die Würzburger Fürstbischöfe. 24 Zünfte schlossen sich zusammen und bald hieß es: „Münnerstadt hat's Geld!“. 1279 stifteten die Henneberger ein **Augustiner-Kloster**. Die Kirche von 1752 ist überreich mit Stuckaturen, Deckengemälden sowie Bildhauerarbeiten des Rhöner Künstlers Josef Kessler (Simmershausen *1711) ausgestattet und wird als Kleinod des fränki-

oben: Riemenschneider-Altar
unten: Maria Bildhausen, Abtei- und Syndikatsbau

schen Rokoko bezeichnet. Im **Deutschherrenschloss** ist ein **Henneberg-Museum** untergebracht. Sehenswert ist jedoch vor allem die **Stadtpfarrkirche Maria Magdalena**. Sie stammt aus dem 12./13. Jahrhundert und besitzt noch das romanische Portal. Das Wertvollste dieser Kirche sind die prächtigen Glasfenster von 1420 und der Magdalenenaltar mit Schnitzereien des fränkischen Bildhauers Tilman Riemenschneider. Durch den Reichtum der Stadt im Mittelalter konnte der Auftrag für den Altar 1492 an den damals schon bekannten Meister vergeben werden. Die Flügel des Altars sind mit Werken von Veit Stoß bemalt. Sie zeigen Szenen aus der Kilianslegende. Außerdem sind in der Kirche der spätgotische Taufstein und mehrere Grabmäler aus der Renaissancezeit sowie die reich verzierten Zunftstangen sehenswert.

Das Zisterzienser-Kloster Maria Bildhausen

Das Kloster unweit der Stadt entstand 1156 durch eine Stiftung. Es wurde mit Mönchen aus dem Kloster Ebrach besiedelt. Im Bauernkrieg stürmten es die im „Bildhäuser Haufen" organisierten Bauern und verwüsteten es schwer. Der Dreißigjährige Krieg tat sein Übriges. Im Zuge der Säkularisation wurde das Kloster endgültig zum Tode verurteilt. Als es völlig zu verfallen drohte, erwarb es 1929 Dominikus Ringeisen von der St. Josefskongregation. Er machte es zu einer Einrichtung für Behinderte. Schöne Barockbauten erstrahlen in altem Glanz, eine Klostergaststätte ist entstanden.
Etwas südlich der Stadt Münnerstadt liegt die **Talkirche St. Ulrich**. Bereits 1360 wird diese genannt, seit 1449 ist die Wallfahrt zum Hl. Kreuz belegt. Die Marienfigur stammt aus dem Jahr 1440, zwei Apostelfiguren sind wahrscheinlich der Schule Riemenschneiders (um 1500) zuzuordnen. Eine kleine Wanderung zu diesem Schmuckstück ist sicher lohnenswert.

Streubrücke mit Nepomuk-Skulptur, dahinter das Rathaus

16 | Nordheim v. d. Rhön und die Sebastianskapelle

Die Gegend um **Nordheim v. d. Rhön** ist uraltes fränkisches Siedlungsland aus der Zeit um das Jahr 525. In einer Urkunde des Klosters Fulda aus dem Jahr 789 heißt es dann später: „[...] Ich Frikko und meine Gemahlin Itmut schenken aus Furcht vor der ewigen Hölle und zu unserem Seelenheil [...] was wir an rechtlich ererbtem oder sonst wie erworbenem Eigentum haben und zwar in den Dörfern Sundheim, Northeim und (F)landungom [...] an das Kloster, welches Fulda heißt [...]".
962 wird Otto I. in Rom zum Kaiser gekrönt. Er besiegte 955 auf dem Lechfeld die Ungarn und wurde dadurch zum Retter des christlichen Abendlandes. Er vereinigte in seiner Hand die Sachsen und die Franken und wurde dadurch auch Herr über den Salzgau und den Salzforst. Durch seinen Enkel Otto III. kam dieser Besitz im Jahr 1000 an das Stift Würzburg. Unweit des Ortes Nordheim sind heute noch Reste einer **Königsburg** zu sehen. Diese Burg soll Jagdsitz Ottos I. gewesen sein, als er noch König war.

Sebastianskapelle

Nordheim verfügt noch heute über eine bestens erhaltene mächtige **Brücke** über die Streu mit **Nepomuk-Figur**. Sie ist neben dem malerischen Aufgang zur Kirche und den Gaden das Fotomotiv des Ortes. Die für die Rhön typischen Fachwerkhäuser, u. a. das **Rathaus**, sind bei einem Rundgang vielfach anzutreffen.

Ob sich die Nordheimer am Bauernkrieg beteiligten, ist nicht nachweisbar, aber vom Dreißigjährigen Krieg, mit dem die Pest einherzog, blieb der Ort nicht verschont. Von 600 Einwohnern verstarben innerhalb von nur vier Monaten 250. Diese Krankheit wütete entsetzlich, sodass der Friedhof zu klein wurde und die Toten außerhalb begraben werden mussten. In der großen Not wandten sich die Nordheimer mit Gebeten an Gott und die Heiligen, besonders an den hl. Sebastian. Schließlich kam es zu einem Gelübde, in welchem die Betenden versprachen, eine Kapelle zu errichten, wenn sie fortan von der Pest verschont werden. Im Frühjahr 1636, als die Pest tatsächlich aus dem Dorf verschwunden war, begannen sie mit dem Bau einer Kapelle etwa 1 km außerhalb des Ortszentrums auf einem steil abfallenden Hügel. 35 Jahre nach dem Pestjahr konnte die **Sebastianskapelle** schließlich mit einem feierlichen Hochamt geweiht werden. Der Sebastianstag (20. Januar) wurde für die Nordheimer zum gelobten Feiertag. Neben dem kleinen Gotteshaus entstand 1720 eine Einsiedelei, die immer wieder bewohnt wurde. Nach der Säkularisation kümmerte sich jedoch niemand mehr um den bescheidenen Bau. Die Nordheimer bemühen sich jedoch in unseren Tagen um die Erhaltung.

17 | Ostheim v. d. Rhön

Eine geballte Ladung an Kulturschätzen birgt die ehemals thüringische Stadt **Ostheim vor der Rhön**. Zusammen mit drei weiteren Ortschaften gehörte sie bis kurz nach dem Zweiten Weltkrieg zur sog. thüringischen Exklave mitten in der bayerischen Rhön. Durch einen Sondervertrag kam diese Exklave schließlich zu Bayern. Ihre Geschichte reicht sehr weit zurück. Funde legen Zeugnisse über menschliche Besiedelung bereits zur Steinzeit ab. Unweit der Stadtgrenze sind erst vor wenigen Jahren **Hügelgräber** aus der Hallstattzeit (750–400 v. Chr.) gefunden und restauriert worden. Die Stadt selbst wird schon 804 erstmals erwähnt. Die **Stadtmauer** ist in großen Teilen noch sehr gut erhalten. Als der wohl größte Schatz kann die **Kirchenburg** aus dem 15. Jahrhundert bezeichnet werden. Dieses gewaltige und bestens erhaltene Ensemble ist in Deutschland einmalig. Zwei Mauerringe, etliche kleine Bastionen, vier Türmchen, zahlreiche Gaden und ein gewaltiges Eichenbohlentor lassen das Herz eines jeden „Burgfreundes" höher schlagen. Mitten drin steht trutzig das Gotteshaus aus dem Jahr 1619, welches ebenfalls ein Schatz für sich ist. Sehenswert ist auch das historische **Rathaus**, erbaut 1587, mit einer beidseitig begehbaren Freitreppe und einem Wappen, welches u. a. mit der „Henne" auf den hennebergischen Ursprung verweist. Das **Hansteinsche Schloss**, ein Renaissancebau aus dem Jahr 1599,

Blick auf die Kirchenburg

Ostheim v. d. Rhön, Innenstadt

Außenansicht und Innenhof der Kirchenburg

beherbergt das **Orgelmuseum** mit über 650 historischen Exponaten. Der Orgelbau ist in der Rhön beheimatet, sodass sich das Sondermuseum hier zu Recht befindet.

Die Hügelgräber bei Ostheim

Im Jahr 1989 konnten in der Nähe der Stadt Ostheim vor der Rhön bei Straßenbauarbeiten vorchristliche **Hügelgräber** entdeckt und rekonstruiert werden. Sie stammen aus der sog. Hallstattzeit, welche man ungefähr auf die Zeit zwischen 750 und 450 v. Chr. datiert. Insgesamt sind 16 bestens erhaltene Gräber freigelegt worden. Die Toten wurden zu damaliger Zeit verbrannt. Die Knochenreste kamen in eine Urne, diese wiederum in eine hölzerne Grabkammer. Darüber erhob sich ein Steinhaufen mit einem Steinkranz. Ein solches Hügelgrab war immer nur für einen Toten bestimmt. Bei dem Ostheimer Gräberfeld wurde nur ein einziges Grab mit mehreren Urnen entdeckt. Diese besondere kulturhistorische Sehenswürdigkeit ist als archäologisches Denkmal ausgewiesen, mit einer Erklärungstafel versehen und kann von der Stadt

Blick in Richtung Kirchenburg

oben: Hügelgräber
unten: Torbogen der Lichtenburg

aus auf ausgebauten Wegen leicht zu Fuß, aber auch mit dem PKW erreicht werden.
Ein ähnliches prähistorisches Objekt befindet sich in der Nähe von Urspringen in einer „Waldinsel“ mitten in den Feldern in Richtung Hochrhönstraße. Ein Wegweiser an der Straße weist den Weg und eine Infotafel vor Ort gibt nähere Auskünfte. Die Hügelgräber sind nicht freigelegt, aber man kann sie unter den Bäumen erahnen.

Die Lichtenburg

Unweit des Städtchens, sowohl zu Fuß über einen gemütlichen Wanderweg als auch mit dem Auto über eine Straße zu erreichen, liegt auf einem Bergkegel die Ruine der **Lichtenburg**. Es handelt sich hier ebenfalls um eine ehemals hennebergische Burganlage, erbaut 1159. Der Bergfried und ein großes Wirtschaftsgebäude sind erhalten. Das Burgrestaurant ist leider zur Zeit wegen Sanierungsarbeiten geschlossen. Der Bergfried kann bestiegen werden und bietet einen weiten Blick ins Umland.

Lioba-Kirche

18 | Petersberg bei Fulda

In Petersberg, einer eigenständigen Gemeinde am östlichen Stadtrand von Fulda, steht auf einem Berg die Kirche **St. Peter**. Sie ist der Rest eines im 9. Jahrhundert unter Abt Rabanus Maurus erbauten **Benediktinerklosters**. Das Gotteshaus ist die Grabeskirche der hl. Lioba. Im Laufe der Geschichte waren mehrere Umbauten erforderlich, u. a. auch durch Zerstörungen im Dreißigjährigen Krieg. Die Klostergebäude wurden nach der Säkularisation abgebrochen. Erhalten sind der frühromanische Westturm, das karolingische Zellenquerhaus mit Säulen und Kapitellen sowie die Krypta (836). In dieser befinden sich die ältesten Wandmalereien Deutschlands aus karolingischer Zeit. In der mittleren von drei Kapellennischen steht der Stein-Sarkophag mit den Gebeinen der hl. Lioba. Sehenswert sind im Langhaus der Kirche romanische Steinreliefs: Christus, Maria und Bonifatius, sowie eine gotische Wandmalerei, die den hl. Christophorus zeigt.

Auf dem Hausberg der Gemeinde, dem **Rauschenberg**, ist der am höchsten gelegene Wartturm um Fulda erhalten. Insgesamt standen um Fulda einst sieben dieser Türme, von denen nur noch sechs vollkommen oder in Teilen vorhanden sind. Die Wächter konnten sich untereinander vor Raubrittern durch Zeichen, bei Tag mit Fahnen, in der Nacht mit Fackeln, verständigen und somit warnen.

links: Blick zum Gehilfersberg; rechts: Kirche von Rasdorf mit schiefem Turm

19 | Rasdorf, Point Alpha und der Gehilfersberg

Rasdorf liegt inmitten des Hessischen Kegelspiels an der alten Handelsstraße Frankfurt/Main – Leipzig. Bis zum Jahr 1989, dem Jahr der Wiedervereinigung Deutschlands, lag der Ort unmittelbar an der sog. „Zonengrenze". Seine früheren Verbindungen und Beziehungen ins Geisaer Land in Thüringen waren 40 Jahre lang unterbrochen.
Die Geschichte des Ortes beginnt bereits 780, als er in einer Schenkung an das Kloster Fulda erwähnt wird. Ein 815 von Fulda aus gegründetes Benediktinerkloster wurde im 10. Jahrhundert in ein Kollegiatstift umgewandelt und dann 1803 im Zuge der Säkularisation aufgehoben. An Hessens größtem und schönstem Dorfanger steht die sehenswerte **Kirche St. Johannes der Täufer und St. Cäcilia**. Die erste Stiftskirche wurde 831 vom Fuldaer Abt Rabanus Maurus errichtet. Bei der heutigen Kirche handelt es sich um einen gotischen Bau aus dem Jahr 1274, bei dem romanische Teile integriert worden sind. Die kreuzförmige dreischiffige Basilika besitzt einen achteckigen Vierungsturm mit Spitzhelm. Im Langhaus beeindrucken auf gedrungenen Säulen die kraftvollen Tierkapitelle aus dem 9. Jahrhundert sowie das große Taufbecken aus romanischer Zeit. Die frühbarocken Plastiken an der Wand des linken Querschiffes stammen aus der Fuldaer

Das Haus auf der Grenze am Point Alpha

Ratgar-Basilika, die 1704 abgerissen wurde. Sehenswert ist auch die Holzplastik „Der Kanzelträger“, die den Gründer der Kirche, Rabanus Maurus, zeigt. Die Rasdorfer Kirche ist eine von Hessens architektonisch bedeutsamsten Dorfkirchen.

Neben Anger und Stiftskirche ist auch der **Alte Wehrfriedhof** sehenswert. Es handelt sich um eine quadratische Anlage mit 4–5 m hoher Umfassungsmauer sowie vier runden Ecktürmen. In der Mitte des Friedhofes befand sich ehemals die Pfarrkirche St. Michael. Sie wurde 1836 abgerissen.

Point Alpha

Zwischen Rasdorf in Hessen und Geisa in Thüringen (Luftlinie etwa 4 km) verlief bis 1989 der „Eiserne Vorhang“, der Ost und West über fast 40 Jahre trennte. Am sog. **„Point Alpha“** standen sich die Mächte des Warschauer Paktes und die der NATO in Sichtweite gegenüber. Man bezeichnete diesen Punkt (Point) als den heißesten im Kalten Krieg. Den Politikern aus beiden Bundesländern ist es gelungen, daraus eine Mahn-, Gedenk- und Begegnungsstätte zu machen, die an die Grausamkeiten des kommunistischen DDR-Staates erinnert. Wachtürme, Grenzanlagen, Schießstände und Metallgitterzaun sowie Baracken und Hallen für Panzer usw. sind im Original noch erhalten und können bei einem Rundgang besichtigt werden. Im sog. „Haus auf der Grenze“ befindet sich ein Museum, das Einblicke in das Leben „an der Grenze“ vermittelt.

Der Gehilfersberg

Nordwestlich von Rasdorf befindet sich auf einem Basaltkegel der 456 m hohe **Gehilfersberg**. Er wird gekrönt von einer **Wallfahrtskapelle** aus der Barockzeit. Sie ist den 14 Nothelfern geweiht. Im Jahr 1996 ist sie durch Brandstiftung niedergebrannt. Doch die Bevölkerung stand zu „ihrem“ heiligen Berg und so konnte die Kapelle bereits 1997 wieder errichtet werden. Der Wallweg wird begleitet von vielen Bildstöcken sowie den 14 Stationen eines Kreuzweges mit Stationshäuschen.

20 | Tann

Das Städtchen **Tann** mit seinen verschiedenen Stadtteilen liegt im schönen **Ulstertal** und zählt 3650 Einwohner. Seine Geschichte reicht bis ins Mittelalter zurück. Im Jahr 1197 werden dem Ort durch Kaiser Heinrich VI. bereits die Stadtrechte und 350 Jahre später die Marktrechte verliehen. Geschichtlich wird der Ort jedoch durch die Reichsfreiherren von und zu der Tann geprägt, ein Geschlecht, das bis in unsere Tage Bestand hat. Im Laufe der Zeit erfolgte eine Spaltung in eine rote, gelbe und blaue Linie, zu erkennen auch an den drei Farben des erhaltenen **Schlosses**. Der Baubestand dieses großen Schlossgebäudes zeigt mittelalterliche bzw. barocke Teile. Es wird von den Familien von der Tann immer noch privat bewohnt.

Das bekannteste Bild der Stadt ist das ihres markanten **Stadttores** aus dem Jahr 1557 mit den zwei Türmchen. Im Innern ist der Kerker zu besichtigen. Kurz nach Betreten des Stadtinnern durch dieses Tor gelangt man zum historischen **Marktplatz** mit dem Denkmal des Freiherrn Ludwig von der Tann (1815–1881). Der große Marktbrunnen stammt aus dem Jahr 1710. Sehenswert und ziemlich einmalig ist das **Elf-Apostel-Haus** auf der gegenüberliegenden Straßenseite. Der um 1500 im Stil der Renaissance errichtete Fachwerkbau ist das älteste Gebäude in Tann. Das zweitälteste Gebäude der Stadt ist das **Ochsenbäckerhaus** aus dem Jahr 1592.

Eingebettet in das Stadtzentrum ist das **Rhöner Museumsdorf** mit teilweise über mehrere Jahrhunderte alten, historischen Bauerngehöften. Das **Naturkundemuseum** gibt Auskunft über die Lebensweise der Menschen der Rhön seit der Besiedelung sowie über die heimische Tierwelt. Im Sommer erlaubt eine Kamera die Betrachtung der Aufzucht der Turmfalken im Kirchturm. (Tel. 06682/8977)

oben: Stadttor
Mitte: Museumsdorf
unten: Elf-Apostel-Haus

Blick auf Vacha

21 | Vacha

Vacha darf sich mit zwei Beinamen schmücken. Das Städtchen an der Werra, ganz im Norden der Rhön, nennt sich auch „Das nördliche Tor zur Rhön". Treffender ist aber mit Sicherheit: „Die bunte Stadt". Entstanden ist sie aus einem Königshof direkt an der alten „Fernstraße" **Antsanvia** von Frankfurt/Main über Erfurt nach Leipzig. Ihre frühzeitige Existenz ist durch eine Urkunde aus dem Jahr 817 belegt. Bereits 1186 war Vacha eine befestigte Stadt. Frühzeitig, nämlich 1508, erhielt sie von Kaiser Maximilian das Marktrecht. Auf Grund ihrer langen Geschichte sind viele ihrer nach der „Wende" restaurierten Bauwerke sehenswert. Erhalten und erlebbar ist die alte Stadtbefestigung aus dem Jahr 1250 mit drei Rundtürmen. Zum Wahrzeichen der Stadt ist der **Storchenturm** geworden. Die ev. **Stadtpfarrkirche** besitzt noch einen Turm aus dem 12./13. Jahrhundert sowie das romanische Portal. In dieser Kirche befindet sich auch das Grabmal des Feldmarschalls Caspar von Widemarkter und seiner Gemahlin. Widemarkter erbaute 1613 die **Widemark**, das heute noch den Marktplatz beherrschende Rathaus mit Ratskeller. Vor dem Rathaus steht der schöne **Marktbrunnen** mit dem Stadtheiligen St. Vitus. Im Friedhof der Stadt ist die **Friedhofskapelle** sehenswert. Sie ist der Rest des einstigen Servitenklosters aus dem 14. Jahrhundert. In ihr befinden sich erhaltene mittelalterliche Fresken. Im Kloster lebte u. a. der als Mönch Hermann König (Künig), geboren um 1450, verstorben nach 1495. Ihm verdankt die Geschichte die älteste Beschreibung des Jakobus-Pilgerweges aus dem Raum der Rhön nach Santiago mit dem Titel „Die walfart und straß zu Sant Jacob".

Werrabrücke von 1342

Auf eine lange Geschichte zurückblicken kann die alte wuchtige **Werrabrücke** von 1342. Von den einst 17 Bögen sind noch 14 erhalten und trutzen den Wassern der Werra. In jüngster Vergangenheit war sie über 40 Jahre lang durch den sog. „Eisernen Vorhang“ zu einem Dornröschenschlaf verurteilt, ehe sie nach dem Fall der Mauer zur „Brücke der Einheit“ wurde. Sie verbindet seit 1989 wieder Thüringen und Hessen.

In Vacha wurde übrigens 1501 auch der Reformtheologe Georg Witzel geboren. Zunächst war er katholischer Priester, begegnete dann jedoch Martin Luther, schloss sich dessen Lehre an und heiratete. Später arbeitete er gegen Luther und kehrte zum Katholizismus zurück. Er starb 1573 in Mainz.

Rathaus Widemark

22 | Wasungen

Unter Vuasunga wurde das spätere **Wasungen** schon 874 in einer Schenkungsurkunde an das Kloster Fulda erwähnt. Die oberhalb des Werratales erbaute **Burg Maienluft** trat 1190 urkundlich in Erscheinung. Die Erbauer und Bewohner waren mit den Hennebergern verwandt. Entgegen der Schicksale vieler Burgen im Land wurde Maienluft in den Bauernkriegen nicht zerstört. Die Burg ist heute ein beliebtes Ausflugsziel mit herrlicher Aussicht ins Werratal und zur Rhön.

Wasungen selbst ist in unseren Tagen weit und breit bekannt für seine närrischen Tage zur Zeit des Karnevals, wenn Zehntausende den Umzug in der Karnevalshochburg, gestaltet mit über 80 Wagen, besuchen.

Das Städtchen erhielt schon 1308 das Stadtrecht und wird heute geprägt von bestens erhaltenen **Fachwerkhäusern** am Markt. Das restaurierte Ensemble stammt zum Teil aus dem 16. Jahrhundert. Das **Rathaus** entstand in den Jahren 1532 bis 1534. Das sehenswerte **Damenstift** wurde 1576 erbaut. Teile der **Stadtmauer** und der **Wehranlagen** sind noch erhalten. Unrühmliches gäbe es aus der Zeit der Hexenverfolgungen zu berichten.

Aber Erfreuliches hat die Stadt über einen berühmten Sohn zu erzählen. Im Jahr 1763 wurde im Forsthaus in der Kleinen Zillbach (am Wanderweg zwischen Wasungen und Zillbach) **Heinrich von Cotta** geboren. Sein Vater war Förster und Heinrich wuchs praktisch im bzw. mit dem Wald auf. Auch er entschied sich für die Forstlaufbahn. 1786 begann er zusammen mit seinem Vater mit forstamtlichem Unterricht für „Forst-Schüler". 1795 stellte ihnen Großherzog Carl August in Zillbach das Jagdschloss zur Verfügung und beide machten daraus eine forstamtliche Lehranstalt. 1810 wurde Heinrich Cotta zum Forstrat ernannt und an die Sächsische Forstakademie in Tharandt versetzt. Hier fanden sich bald viele Studenten – auch aus dem Ausland – ein, und Cotta verhalf der Forstwissenschaft zu Weltgeltung. Er machte die Bekanntschaft mit Goethe und Alexander von Humboldt, legte in der Rhön einen Wald mit vielen hundert Baumarten an, von denen allerdings nur noch wenige existieren, und starb 1844. Seine Geburtsstätte in der „Kleinen Zillbach" mitten im Wald erinnert an einen bedeutenden Mann, der auf keinen Fall in Vergessenheit geraten darf, weil er schon vor 200 Jahren die Erholungsfunktion des Waldes für den Menschen erkannt hat. Der Rhönklub hat ihm zu Ehren zwischen Wittgenthal und Wasungen einen „Heinrich-Cotta-Weg" angelegt.

oben: Damenstift
unten: Rathaus

links: Kloster Wechterswinkel; rechts: Hauptaltar

23 | Wechterswinkel

Wechterswinkel ist ein kleiner Ort im sog. Besengau der Fränkischen Rhön. Die Gegend war schon zur Steinzeit besiedelt. Grabungsfunde auf dem Rehberg belegen Wohnstätten zur Keltenzeit um 400 v. Chr. Eine erste urkundliche Erwähnung geht aus einem Schriftstück König Ludwigs des Frommen aus dem Jahr 823 hervor. Im Jahr 1111 existierte ein Stift der Benediktinerinnen und 1143 gab es in Wechterswinkel bereits ein **Kloster** der Zisterzienserinnen, von dem aus sich alle Frauenklöster dieses Ordens ableiten lassen, denn Wechterswinkel entwickelte sich dank vieler Schenkungen zum größten Kloster Unterfrankens. Bischof Julius Echter von Mespelbrunn hob das Kloster 1592 auf. Im 17. Jahrhundert wurde es zum **Getreidespeicher**. Danach verfiel es in einen Dornröschenschlaf, aus dem es erst am Ende des 20. Jahrhunderts erwachte, als es der Landkreis Rhön-Grabfeld als einen „kulturellen Schatz" entdeckte. Er ließ den „Getreidespeicher" restaurieren und machte daraus eine „Kulturscheune" zum Thema „Kloster Wechterswinkel – Kunst und Kultur", in der Ausstellungen und Konzerte sowie Festveranstaltungen in allen Räumen, auch im Klosterhof, stattfinden (Tel. 09773/897262). Im Innenhof befindet sich außerdem ein Museumscafé. Alle Holzbalken und Holzpfeiler der alten Gebäude haben die Jahrhunderte schadlos überstanden.

Die **Klosterkirche** besticht durch Einfachheit und Klarheit. Freunden alter Steinplastiken sei ein Blick über das Kirchenportal empfohlen. Die Plastik des gekreuzigten Christus spiegelt die Einfachheit der gesamten Klosteranlage wider.

Neueste Sprachforschungen haben ergeben, dass der Name Wechterswinkel so viel bedeutet wie „Ruhewinkel". Dies wird jeder bestätigen, der den altehrwürdigen Ort besucht hat.

24 | Die Hohe Geba

Die **Hohe Geba** ist der Hausberg der Meininger. Mit 751 m üNN ist sie der markanteste Berg zwischen dem Herpf- und dem Katzgrund in der Thüringischen Rhön. Das Gipfelplateau ist unbewaldet und bietet endlose Ausblicke bis weit zum Thüringer Wald, zur westlichen Rhön und sogar zum Hohen Meißner im Norden Hessens. Zu dem gewaltigen Geba-Massiv gehören der **Neidhartskopf** und die **Hohe Löhr** sowie die **Diesburg**. Die reichen Basaltvorkommen am Neidhartskopf ließen Abbaustellen entstehen. Die Hohe Löhr ist ein flächenmäßig großes Naturschutzgebiet mit Wacholderheiden. Die Diesburg ist wegen des vorgeschichtlichen **Ringwalles** für Archäologen interessant. Einst befand sich auf dem Gipfel der Geba das **Geba-Haus** des Rhönklub-Zweigvereins Meiningen. Es wurde bis zur „Wende" 1989 von der NVA genutzt und völlig heruntergewirtschaftet. Die in den 90er Jahren wieder errichtete Meininger Hütte konnte an die einst guten Zeiten des Geba-Hauses nicht annähernd heranreichen und wurde geschlossen.

Der etwas unterhalb des Gipfels gelegene Ort Geba kann mit einer Besonderheit aufwarten, einer 8-eckigen Kirche. Sie bietet nur wenigen Besuchern Platz, macht aber durch besondere Konzerte auf sich aufmerksam. Auf dem Wanderweg zur Hohen Löhr kommt der Wanderer am sog. „Rhönfrieden" vorbei, einem Fleckchen, an dem sich zu Zeiten der DDR immer wieder viele Menschen einfanden, um einen Blick „nach drüben" zu werfen. Viele Tränen sind hier geflossen – die Sehnsucht nach Wiedervereinigung war groß.

Auf der Hohen Geba

links: Die Wasserkuppe mit ihrem Markenzeichen, dem Radom; rechts: Fliegerdenkmal

25 | Die Wasserkuppe

Die **Wasserkuppe** ist mit 950 m üNN der höchste Berg der Rhön, zugleich aber auch die höchste Erhebung des Landes Hessen. Die Wasserkuppe gilt als die „Wiege des Segelflugs", denn hier – auf den weiten Flächen des gewaltigen Plateaus – gab es in den 1920er Jahren die ersten Versuche, sich mit der Kraft des Windes in den Lüften treiben zu lassen. Damals wurden die Segelflugzeuge zum Starten noch mit Seilwinden den Berg hinabgezogen. Das große **Segelflugmuseum** auf der Wasserkuppe gibt detaillierte Auskünfte zur Geschichte dieses inzwischen weltweit betriebenen Sports.

In Richtung Gipfel steht eine der ältesten noch arbeitenden **Wetterstationen** des deutschen Wetterdienstes.

Seinen Namen erhielt der Berg wohl von den mehr als 40 inzwischen kartierten Quellen. Die bekannteste ist die **Fulda-Quelle** unterhalb des großen Parkplatzes. Eine Bronzetafel gibt Auskunft: „Hier halte Rast! Dich labt die Quelle der Fulda, die mit klarer Welle, den Berggruß rauschend trägt einher. Sie wächst, zur Werra hingezogen, zum deutschen Strom und senkt die Wogen als Weser schiffbewegt ins Meer". Der vom Naturpark mit Sitzgruppen ausgestattete Platz um die Quelle lädt zum Verweilen ein.

Wer der Wasserkuppe einen Besuch abstattet, sollte den Weg zum **Fliegerdenkmal** auf sich nehmen. Dieses Denkmal wurde 1923 errichtet. Es trägt die Inschrift: „Wir toten Flieger blieben Sieger durch uns allein. Volk, flieg du wieder und du wirst Sieger durch dich allein!"

War dieser gewaltige Berg bis vor etwa 100 Jahren ebenso einsam und verlassen wie die anderen Gipfel der Rhön auch, so ist er heute ein touristischer Anlaufpunkt, ausgestattet mit Hotels, Gaststätten, Souvenirgeschäften, Sommerrodelbahn, Rhön-Info-Zentrum, Jugendbildungsstätte und mehreren Parkplätzen. Im Sommer sind Segel- und Modellflug ebenso möglich wie Gleitschirm- und Drachenfliegen. Im Winter herrscht Skibetrieb an mehreren Skiliften, sogar bis in die Nachtstunden. Seit einigen Jahren ist auch das Snowkiten hier möglich. Skischulen und Flugschulen haben sich etabliert. Auf Hessens höchstem Berg herrscht das ganze Jahr über reger Betrieb. Selbstverständlich kann er von allen Seiten zu Fuß erobert werden.

Der Pferdskopf

Mit 875 m Höhe ist der **Pferdskopf** als „Anhängsel" der Wasserkuppe von dieser aus auf einem bequemen Weg leicht zu erreichen. Dabei wird eine Felsformation aus **Phonolith** passiert, die ins Auge fällt. Das Terrain ist völlig baumfrei und bietet fantastische Ausblicke. Der Gipfel des Pferdskopfes ist Startgebiet für die Drachen- und Gleitschirmflieger. Der Abstieg vom Gipfel hinunter zum **Guckaisee** fordert dem Wanderer Trittsicherheit ab. Gutes, rutschfestes Schuhwerk wird dringend empfohlen, denn es geht in der Tat sehr steil bergab. Der Guckaisee ist zu einer gern aufgesuchten Freizeitanlage ausgebaut worden mit Bootsverleih, Bademöglichkeit und Gastronomie.

oben: Blick zum Pferdskopfgipfel
unten: Felsformation

oben und unten: Impressionen von und nahe der Steinwand

26 | Die Steinwand

Leider oder „Gott sei Dank!" ist diese geologische Besonderheit von Weitem nicht zu sehen. Die steil aufragenden **Felswände** liegen hinter hohen Fichten verborgen. Ca. 4,5 km nördlich von Poppenhausen (Wasserkuppe), unmittelbar hinter dem gleichnamigen „Gasthof Steinwand" (Tel. 06658/328), sind sie leicht zu Fuß zu erreichen. Dem „normalen" Wanderer können sie beim Anblick nur ein Staunen entlocken, denn die vier- oder fünfkantigen Basaltsäulen aus Phonolith sind den Kletterern vorbehalten. Wie der Name sagt, wirken die gewaltigen Säulen wie eine mächtige steinerne Wand.

27 | Der Wachtküppel

Etwas nordöstlich der Stadt Gersfeld liegt der im Volksmund **„Lausbub der Rhön“** genannte **Wachtküppel**. Dieser kleine, aber immerhin 705 m hohe Basaltkegel trägt ein Gipfelkreuz. In der Tat ist seine Besteigung nur trittfesten Wanderern möglich. Eine Besonderheit für die gesamte Rhön stellt seine magnetische Anziehungskraft dar. Die Füllung seines Schlotes enthält nämlich einen sehr hohen Anteil an Magneteisenstein; demzufolge wird die Kompassnadel irritiert. Im Hessischen Landesamt für Umwelt und Geologie wird er deshalb in der Geotopliste als „besonderes geologisches Objekt“ aufgeführt. Ein Rundweg geleitet die Wanderer zum Gipfelkreuz, von dem ein herrlicher Rundumblick möglich ist.

oben: Der „Lausbub der Rhön“
unten: Wendelinuskapelle am Wachtküppel

links: Wanderweg zur Milseburg; rechts: Die Milseburg mit Blockschutthalden

28 | Die Milseburg

Rüdiger Beer, Fulda, beschreibt in einem seiner Rhönlieder die **Milseburg** als „Perle der Rhön", und von Wilhelm von Humboldt soll der Ausspruch stammen, die Milseburg sei der schönste Berg Deutschlands. In der Tat stellt diese markante, sargähnliche Erhebung in vielfacher Hinsicht eine Besonderheit dar. Das gesamte Bergmassiv steht unter strengem Naturschutz. Die Phonolithkuppe (Klingstein) weist in ihren vielen Basaltblockmeeren seltene Flechten und Moose auf, welche als Relikte aus der letzten Eiszeit gelten. Das terrassenförmig aufgebaute Plateau bildet auf drei Seiten einen natürlichen Schutz gegen Feinde. Kein Wunder also, dass schon in vorchristlicher Zeit die **Kelten** diesen Berg zu einem Oppidum (Stadt) ausbauten und mit einem Wall zusätzlich schützten. Insgesamt drei Tore führten in den Ringwall. Die Wasserversorgung der Bewohner war durch zwei heute noch existierende Quellen gesichert. Grabungen wurden am Beginn des 20. Jahrhunderts von Joseph Vonderau ausgeführt. Die Grabungsfunde legen Zeugnis von intensiver Besiedlung in der Hallstatt- (750–400 v. Chr.) und Latènezeit (450 v. Chr. – 1. Jh. v. Chr.) ab. In jüngster Vergangenheit ist ein Stück des **Keltenwalles** nachgebaut worden, um den Besuchern von heute die Dimension eines solchen Schutzwalles – erbaut vor 3000 Jahren – zu demonstrieren.

Das Pfundsmuseum in Kleinsassen

Der Berg (835 m) ist von allen Seiten gut zu erwandern. Parkplätze am Fuße des Massivs erlauben auch einen kurzen, wenn auch steilen Aufstieg, der mit einem unvergleichbaren Blick vom Gipfel belohnt wird. Der durchwegs felsige Gipfelbereich wird von einer barocken **Kreuzigungsgruppe** aus dem Jahr 1756 gekrönt. Etwas unterhalb befindet sich die **St. Gangolfskapelle,** die besonders zu Pfingsten und zum Schutzengelfest Ziel zahlreicher Pilger ist. Unweit der Kapelle steht seit 1884 die vom Rhönklub e. V. errichtete Milseburghütte, die abgerissen werden soll.

Kleinsassen

Am Fuße der Milseburg liegt das Malerdorf Kleinsassen, ein Ortsteil der Gemeinde Hofbieber. Die Gegend ist uraltes Siedlungsland aus vorchristlicher Zeit. Als „Sassen" wird der malerische Ort erstmals 1375 genannt. 1886 kam der Kunstmaler Julius von Kreyfelt hierher. Er war begeistert von der landschaftlichen Schönheit und wurde sesshaft. Es gelang ihm, viele Maler nachzuziehen. Bald sprach man in Kunstkreisen vom **„Malerdorf Kleinsassen"**. 1904 wurde hier Paul Klüber geboren. Er ist der bekannteste Maler seines Heimatortes. Nach dem Zweiten Weltkrieg gründete sich 1979 in der alten Dorfschule die „Kunststation Kleinsassen" als ein „Forum für Kunst". Auf einer Fläche von 1400 m^2 werden wechselnde Ausstellungen gezeigt. Ein Skulpturengarten und eine lange Kunststraße durch die Hessische Rhön entstanden. Es werden Wochenendseminare angeboten, die jedem offen stehen. Im August eines jeden Jahres findet die „Kleinsassener Kunstwoche" statt, die Tausende von Besuchern anzieht. Den Künstlern kann an diesen Tagen bei der Arbeit über die Schulter geschaut werden. Kleinsassen verwandelt sich dann für 7 Tage in einen Kunstmarkt!

Das Pfundsmuseum

Eine weitere Besonderheit hat Kleinsassen aufzuweisen: das **Pfundsmuseum** (nur Sa. und So., Tel. 06657/1607.). In diesem Spezialmuseum werden in 7 Räumen auf 3 Stockwerken auf einer Fläche von „3125 altfuldaischen Quadratfuß", das sind umgerechnet etwa 250 m^2, Maße und Gewichte, Schneider-Ellen, Waagen und Messbecher aus aller Welt, aus allen Ländern der Erde sowie aus allen Zeitaltern gezeigt. Die Exponate reichen bis in die Zeit um 3000 v. Chr. zurück.

29 | Die Schwarzen Berge

Der Begriff **Schwarze Berge** beschreibt eine Reihe von Erhebungen im südlichsten Teil der Hohen Rhön. Mehr als 3100 m^2 dieser Region zwischen Kreuzberg- und Dammersfeldrhön sind seit 1993 unter Naturschutz gestellt. „Schwarze" Berge heißen sie wohl wegen der vielen Basaltkuppen, denn der Basalt ist das „schwarze" Gold der Rhön. Der beherrschende Berg ist der **Feuerberg** (benannt nach seinem vulkanischen Ursprung) mit der Kissinger Hütte (bewirtschaftet) auf dem 832 m hohen unbewaldeten Gipfel. Unweit davon befindet sich der 786 m hohe bewaldete **Farnsberg** mit dem Würzburger Haus (urige bewirtschaftete Berghütte) und dem Berghaus Rhön, einem Gastronomiebetrieb des Naturparks Rhön. Gleich mehrere, teils ehemalige und teils noch existierende Basaltsteinbrüche zeugen vom hohen Vorkommen des schwarzen Bodenschatzes. So ist aus „Des Teufels Streusandbüchse" – einer besonderen Felsformation – „Des Teufels Tintenfass" geworden, ein durch Abgrabungen entstandener tief unten liegender Basaltsee nahe des Berghauses Rhön.
Ein typischer Rhönbasaltkegel ist der **Lösershag** (765 m) mit Blockmeeren und Basaltschloten sowie herausragender naturnaher Waldvegetation (Urwaldbiotop). Der Lösershag ist Teil des ältesten Naturschutzgebiets der Rhön. Seit 1938 wird er in seiner Entwicklung sich selbst überlassen. Der sog. „Basaltweg" erschließt dem Wanderer die Schönheiten dieser einmaligen Kostbarkeit. Lösershag und **Totnansberg** (839 m) – Totnan war der Begleiter des iroschottischen Mönches Kilian, der von Würzburg aus die Rhön missionierte – sind bewaldet, die **Platzer Kuppe** (736 m) hingegen ist oben waldfrei und lässt weite Blicke in die südliche Rhön zu. Auf ihrem Gipfel lädt eine Sitzgruppe zum Verweilen ein.

oben: Panoramablick
Mitte: Abenteuerspielplatz
unten: Kissinger Hütte

Die Kreuzigungsgruppe auf dem Kreuzberg

30 | Der Kreuzberg mit dem Franziskanerkloster

Der **Kreuzberg** galt bis vor wenigen Jahren als der höchste Berg der Fränkischen Rhön. Früher wurde seine Höhe mit 932 m angegeben, dann wieder nur mit 928 m. Diesem Unterschied ist man nachgegangen. Herausgefunden wurde, dass es vor ca. 100 Jahren zwei unterschiedliche Messungen gegeben hatte: einmal vom Mittelmeer und einmal von der Nordsee aus. Neueste Messungen mit modernen Geräten ergaben nun: Die Dammersfeldkuppe (im Truppenübungsplatz Wildflecken gelegen) ist 10 cm höher. Der Kreuzberg hat eine Höhe von 927,8 m, die Dammersfeldkuppe von 927,9 m üNN!

Die Flanken des **Kreuzbergmassivs** sind bewaldet, der Gipfel ist frei. Es bietet sich eine weite Rundumsicht. An besonders klaren Tagen reicht der Blick von der **Kreuzigungsgruppe** bis zu den Höhen des Thüringer Waldes und bis zum Vogelsberg und zum Taunus. In alten Aufzeichnungen wird behauptet, man könne sogar bis zu den Alpen schauen. Das muss allerdings angezweifelt werden. Den Gipfel schmückt nicht nur das **Gipfelkreuz**. Ein ca. 200 m hoher **Sendemast** des Bayerischen Rundfunks überragt dieses Kreuz. Unweit davon, am sog. **„Johannis-**

feuer“, ist ein großes Basaltblockmeer zu bewundern.

Früher trug der Berg den Namen Asenberg oder Aschberg. Teile eines **keltischen Ringwalles** sind im Gipfelbereich noch erkennbar und lassen eine heidnische Kultstätte vermuten. Als der hl. Kilian (um 686) das Frankenland missionierte, soll er auf dem Kreuzberg ein Kreuz aufgerichtet und im Tal in Haselbach die ersten Christen getauft haben. Um das Jahr 1400 wird bereits ein Kreuz im Gipfelbereich erwähnt. Es wurde im Bauernkrieg zerstört. 1582 ist die erste Kreuzigungsgruppe belegt, 1598 dann schon eine Kapelle.

Das **Kloster** etwas unterhalb der Kreuzigungsgruppe entstand in den Jahren 1681 bis 1692. Ab 1684 wurde es mit Franziskanern besetzt. Die **Klosterkirche** ist franziskanisch; sie hat keinen

oben: Bruder-Franz-Haus
unten: Sommertag am Kloster

Antonius-Altar

Turm, sondern nur einen Dachreiter. Der Hochaltar stammt aus dem Jahr 1692. Die Ausstattung des Kirchenraumes lässt am Altar, an der Kanzel und besonders am Antonius-Altar mit den herrlichen Medaillons Merkmale von Barock und Rokoko erkennen. Im Jahr 2005 erhielt die Kirche eine neue Orgel. Der **Kreuzweg** mit den 14 Stationen entstand 1710. Er gilt als einer der ersten Kreuzwege in Deutschland und diente auch den anderen Franziskanerklöstern bei Hammelburg, auf dem Volkersberg und am Frauenberg in Fulda als Vorbild. Die **Klosterbrauerei** entstand 1731. Das Klosterbier wird heute noch nach den alten Rezepten gebraut.

Das Kloster Kreuzberg wurde nach der Säkularisation nicht aufgelassen, aber die **Wallfahrt**, die sich bis dahin rege entwickelt hatte, wurde verboten. König Ludwig I. hob das Verbot jedoch wieder auf und 1826 wurde der Fortbestand des Klosters und der Wallfahrt durch ein Dekret gesichert.

Heute zählt das **Kloster Kreuzberg** zu den meist besuchten Ausflugszielen der Rhön. Etwa 700 000 bis 800 000 Besucher pro Jahr werden genannt. Darunter sind bei ca. 70 Wallfahrten viele Pilger, die aus allen Teilen der Rhön in den Sommermonaten den Weg zum Kreuz gehen. Viele der Wallfahrten sind durch Gelübde aus den Pestzeiten im 17. Jahrhundert belegt, so die Wallfahrt aus Würzburg, an der manchmal bis zu 900 Pilger teilnehmen.

Vor einigen Jahren stand das Gasthaus Hohn, etwas oberhalb der Klosterkirche, zum Verkauf. Das Kloster erwarb das Anwesen und gestaltete es zu einem Café um. Nach dem letzten klösterlichen Braumeister erhielt es den Namen: „Zum Elisäus“. Nach nur kurzer Zeit ist dieses Café, vielleicht das höchstgelegene in Franken, zu einem Markenzeichen für gute Torten geworden.

Seit 2008 besitzt der Kreuzberg eine weitere Attraktion: das **Bruder-Franz-Haus**. Es ist eine Begegnungsstätte mit einer Dauerausstellung über den hl. Franz von Assisi. Außerdem verfügt das Haus über Besinnungs- und Meditationsräume sowie Umkleide- und Duschräume für Wanderer und Biker. Im Haus untergebracht ist auch eine **Touristinformation**.

Wallfahrtskirche Kloster Kreuzberg

Prismenwand am Gangolfsberg

31 | Die Lange Rhön

Die **Lange Rhön** ist mit 3272 m² das größte außeralpine Naturschutzgebiet. Erschlossen wird diese gewaltige Hochfläche – das Herzstück der Rhönlandschaft überhaupt – durch die sog. Hochrhönstraße aus dem Jahr 1958, die sich mit ca. 20 km Länge von Bischofsheim bis Fladungen über das durchschnittlich 800 m hohe Plateau erstreckt. Vom Parkplatz Schornhecke aus erschließt sich dem Wanderer dieses einmalige Mittelgebirge, das hier seinem Beinamen „Land der offenen Fernen" alle Ehre macht.

Der Heidelstein

Der **Heidelstein** ist mit 913 m üNN mit dem ihm anhängenden **Schwabenhimmel** (926 m) einer der sechs über 900 m hohen Berge der Rhön. Beide bilden somit das Dach der zentral gelegenen Hohen Rhön, die sich zu ihren Füßen ausbreitet. Das Massiv ist von allen Seiten auf weichen Wiesenpfaden zu erwandern. Die gesamte Lange Rhön ist Naturschutzgebiet und kann nur auf ausgewiesenen Wanderwegen begangen werden. Der Artenreichtum an Flora und Fauna macht den Reiz dieses Teiles der Rhön aus.

Am Hang des Heidelsteins, an einer Felsformation, befindet sich die **Totengedenkstätte** des Rhönklub e. V. Seit 1924 wird dort in jedem Jahr am 3. Septembersonntag in einer Feierstunde unter freiem Himmel der Toten dieses großen deutschen Wandervereines gedacht. Nach der „Wende" und damit dem Ende des Kalten Krieges kam zu dem basaltenen Ehrenkreuz für Rhönvater Karl Straub ein weiteres Kreuz aus original Metallgitterzaun hinzu. Eine Bronzetafel mit dem Text von Josef Kuhn – „*Du Kreuz, aus dem Draht des Grenzzaunes, sei du uns Mahnung unsäglichen Leidens und Symbol der Dankbarkeit für Freiheit und Einheit aller Deutschen*“ – erklärt den Sinn und die Bedeutung der erweiterten Gedenkstätte.

Das etwas unterhalb errichtete **Langemarck-Kreuz** erinnert an die im jugendlichen Alter gefallenen Mitglieder von Jungendverbänden, die bei Langemarck in Flandern im Ersten Weltkrieg geopfert worden sind.

Eine Kuriosität stellt der etwa 1 km entfernte **Fernsehsender** Heidelstein dar. Er steht nämlich auf dem Schwabenhimmel und nicht auf dem Heidelstein. Diese große Sendeanlage war zu Zeiten des Kalten Krieges errichtet worden, um die Menschen in der DDR fernsehtechnisch zu erreichen.

Der Gangolfsberg

Der 737 m hohe **Gangolfsberg** oberhalb von Urspringen stellt eine geologische Besonderheit dar, weil hier der Basalt in seiner seltenen Vielfalt zu Tage tritt. Eine mächtige **Prismenwand**, viele meterhohe Basaltsäulen, Blockhalden und bemooste Geröllhaufen lassen etwas erahnen von den Urgewalten, die vor Jahrmillionen geherrscht haben müssen, um dieses „geordnete Durcheinander“ entstehen zu lassen. Selbstverständlich haben die unwissenden Menschen in früheren Zeiten für viele Urgewalten keine Erklärungen parat gehabt und flüchteten sich deshalb in Sagen. Dem „Teufelskeller“ liegt eine solche Sage zu Grunde. All die geologischen Kostbarkeiten sind durch einen **Naturlehrpfad** erschlossen. Die menschliche Kultur hat auf diesem sagenumwobenen Berg ebenfalls ihre Spuren hinterlassen. Es sind Reste vorgeschichtlicher **Ringwallanlagen** sowie Grundmauern einer **Gangolfskapelle** auszumachen.

oben: Ehrenmal des Rhönklub e. V.
unten: Land der offenen Fernen

Am Himmeldunkberg/Rockenstein

Der Himmeldunkberg

Wer die Rhön unverfälscht erleben will, der sollte den **Himmeldunkberg/Rockenstein** bei Oberweißenbrunn besteigen. Ruhe, Beschaulichkeit, Einsamkeit – alte zerzauste Hutebuchen, Steinlesewälle, Felsformationen, Schafherden, Brunnentröge, Wiesenmatten, kreisende Milane – all das, was die Rhön ausmacht, ist hier auf diesem Berg in konzentrierter Form anzutreffen. Es geht aus allen vier Himmelsrichtungen steil hinauf auf 888 m üNN. Vom Gipfel aus führt der Blick zum Kreuzberg, zum Arnsberg, ins Sinntal, ins Tal der Brend, ja bis zu den Gleichbergen im Thüringer Land. Über dieses zentral im Rhöngebirge gelegene Massiv verläuft die Landesgrenze zwischen Bayern und Hessen. Hier oben sind Reste des **Schwedenwalles** zu erkennen, denn in dieser Bergeinsamkeit hatten sie sich verschanzt, als der 30 Jahre dauernde Krieg in der Rhön wütete.

Der Ellenbogen

Der Ellenbogen in der Nähe von Frankenheim auf der Rhön ist mit 814 m üNN die nördlichste Erhebung des gesamten Plateaus der Langen Rhön. Frankenheim ist die höchstgelegene Gemeinde des kleinen Mittelgebirges. Während der Teilung Deutschlands in zwei deutsche Staaten (1949–1990) hat der Ellenbogen eine unrühmliche Geschichte geschrieben. Er galt als der „Horchposten der DDR", weil auf seinem Gipfel und im nahe gelegenen Eisenacher Haus ein Abhörsystem gen Westen installiert worden war, welches sogar Gespräche auf der Wasserkuppe „abhören" konnte. In der Nähe befindet sich das **Thüringer Rhönhaus**. Entstanden war es als Reichs-Arbeits-Dienst-Lager des Nazi-Regimes und wurde danach von der Nationalen Volksarmee der DDR ebenso genutzt wie das Eisenacher Haus. Seit der Wiedervereinigung Deutschlands 1990 hat sich das Thüringer Rhön-

Orientierungstafel auf dem Gipfel des Ellenbogens

Besucherzentrum Arche Rhön auf dem Weidberg

haus zu *dem* gastronomischen Geheimtipp der Rhön entwickelt und wird wegen des großen Tiergeheges mit einheimischen Tieren, dem Bienenhaus und einer hauseigenen kleinen Kapelle besonders gern von Familien aufgesucht (Tel. 036946/32060).

„Noahs Segel" bei Oberweid in der thüringischen Rhön

Noahs Segel

Seit dem Jahr 2017 hat die thüringische Rhön eine neue touristische Attraktion. Den Ellenbogen ziert ein 20 m hoher Aussichtsturm aus Stahl und Holz, welcher auf Grund seiner Form den Namen „Noahs Segel" erhielt! Von der Aussichtsplattform hat der Besucher einen weiten Blick in die bayerische, hessische und thüringische Rhön, bis zum Thüringer Wald, und an klaren Tagen könne sogar der 140 km entfernte Brocken im Harz erspäht werden.
Um ganz nach oben zu gelangen, sind 84 Stufen, d. h. neun Etagen, zu ersteigen. Für den „Abstieg" kann eine Rutschbahn benutzt werden. Angegliedert ist in einem Nebengebäude eine Ausstellung mit Informationen zur Geologie, Flora und Fauna sowie zur landschaftlichen Entwicklung. Bei schlechtem Wetter bietet das Haus Möglichkeit zur Rast.

Arche Rhön

Ein weiteres Highlight ist das 2015 eröffnete schiffsförmige Besucher- und Erlebniszentrum Arche Rhön, das sich auf dem Gelände der Erlebniswelt Rhönwald auf dem Weidberg bei Kaltenwestheim befindet. Wissen über die Rhön, regionales Handwerk und geologische Phänomene werden hier auf anschauliche Weise spielerisch vermittelt.

Propstei Zella

32 | Der Gläserberg und die Propstei Zella

Wer die Bodenhaftung liebt und Angst vor dem Fliegen hat, aber dennoch einmal die „Welt von oben" sehen möchte, der muss auf den **Gläserberg** wandern. Der „nur" 670 m hohe, mit einem Gipfelkreuz geschmückte Berg in der Thüringischen Rhön oberhalb von **Föhlritz** bietet einen Rundblick wie aus einer Flugzeugkanzel. Der Blick kann bis zum Thüringer Wald schweifen. Eine Orientierungstafel auf dem Gipfel gibt Auskunft über die Berge im weiten Rund. Die urige Hütte des Rhönklub-Zweigvereins Dermbach, die schon Ende des 19. Jahrhunderts erbaut worden war, kann eine traurige Geschichte erzählen. Schon immer war sie das Ziel vieler Wanderer. Nach dem Zweiten Weltkrieg diente sie der NVA und wurde von den Soldaten heruntergewirtschaftet, so dass nach der „Wende" 1989 nur noch die Grundmauern auszumachen waren. Dank zäher Verhandlungen durfte sie wieder nach den alten, auf einem Dachboden gefundenen Bauplänen im Original aufgebaut werden. Sie bietet Platz für ca. 60 Wanderfreunde und ist nur sonntags von 10.00 bis 17.00 Uhr geöffnet. Bewirtschaftet wird sie durch ehrenamtliche Helfer des Zweigvereins Dermbach. Gekennzeichnete Wanderwege führen von allen Seiten hinauf.

links: Die Gläserberghütte; rechts: Propsteikirche Zella

Unten im Tal liegt der Ort **Zella**, der, wie der Name vermuten lässt, auf ein Kloster zurückgeht. Schon 1136 entstand hier ein Benediktinerinnenkloster, das im Bauernkrieg zerstört wurde. Die **Propsteikirche Maria Himmelfahrt** ist einer der schönsten Barockbauten der Rhön. Unter Propst Adolf von Dalberg, dem späteren Fürstabt von Fulda, begann 1715 der Bau, der 1732 vollendet werden konnte. Die Kirche ist, wie auch die in Dermbach, Bremen (Thüringen) und Schleid, ob ihrer Steinplastiken, Wappen und Gemälde immer einen Besuch wert. Das neben der Kirche befindliche **Propsteischloss** entstand 1718, war im Laufe der letzten Jahre des 20. Jahrhunderts sehr heruntergekommen, konnte jedoch ab 2001 restauriert werden. Es beherbergt jetzt die Verwaltungsstelle des Biosphärenreservates der Thüringischen Rhön sowie eine Touristinformation.

Burg Schwarzenfels

33 | Die Burg Schwarzenfels

Schwarzenfels ist ein Ortsteil der Gemeinde Sinntal im Bergwinkel zwischen Spessart und Rhön. Bei Schwarzenfels handelt es sich um einen Ort unterhalb der gleichnamigen Burg, die sich im 14. Jahrhundert entwickelt hat. Der kleine Ort war bald bedeutender als die Stadt Schlüchtern. Bis 1932 war hier das Amtsgericht ansässig.

Die Burg wird 1290 erstmals urkundlich erwähnt, war bald Machtzentrum der Grafen von Hanau und wurde lange von Amtsmännern aus der Familie von Hutten besetzt. Die eindrucksvolle **Burganlage** beherrscht das Sinntal. Torbau und Torturm sind bestens erhalten. Der Bergfried, die Umfassungsmauer, einige Kellergewölbe und die Krypta wurden hervorragend restauriert und können von März bis Oktober täglich, außer dienstags, besichtigt werden. Das kleine Burgcafé hat samstags und sonntags geöffnet.

34 | Die Krayenburg

Ganz weit im Norden der Rhön liegt direkt an der Werra die Gemeinde Merkers, bekannt durch das **Erlebnisbergwerk**, in das die Besucher mit Förderkörben, wie einst die Bergleute, in mehrere hundert Meter Tiefe hinabgefahren werden. Es erwartet sie eine Welt des „weißen Goldes" (Kali) (Auskunft unter Tel. 036969/424101 bzw. online-Ticketshop). Hier in Merkers wurde der Rhöndichter Andreas Fack (1863–1931) geboren. Er schuf das allseits bekannte Rhönlied „Ich weiß basaltene Bergeshöh'n ...". Dem Ort direkt gegenüber, auf der anderen Werraseite, ragt die Basaltkuppe des Krayenberges (431 m üNN) mit der **Krayenburg** empor. Bereits 500 Jahre v. Chr. stand hier eine Fliehburg. Im Jahr 786 schenkte Karl der Große die „villa" Dorndorf dem Kloster Hersfeld. Zur Besitzsicherung entstand eine Schutzwarte in der alten Burg. 1407 ging das Areal an das landgräfliche Haus Thüringen. Im Dreißigjährigen Krieg wurde die Burg zerstört und damit dem Verfall überlassen. Dichterfürst Goethe besuchte die Ruine und war von den alten Mauern so begeistert, dass er zum Zeichenstift griff und sie malte. Nach 1990 gründete sich ein Verein, der sich der Burg annahm und sie mit Hilfe von Fördermitteln zu einem beliebten Ausflugsziel ausbaute. Es entstand ein „Ritter"-Hotel mit gemütlichen Räumen zum Feiern und Träumen. Die Krayenburg ist per pedes über einen Eselspfad und auf einer Bergstraße per PKW zu erreichen.

Ansicht der Krayenburg

Blick auf die Trimburg

35 | Die Trimburg

Hoch über dem Ort Trimberg, einem Ortsteil von Elfershausen an der Fränkischen Saale, erhebt sich die Ruine der Trimburg. Sie ist der Stammsitz des Geschlechtes derer von Trimberg, das aber bereits 1376 erlosch. Durch Schenkung kam die Burg 1279 zum Hochstift Würzburg. Auf engstem Raum standen sich somit zwei Burgen aus zwei verschiedenen Herrschaftsbereichen gegenüber: die Trimburg würzburgisch – die **Burg Saaleck** fuldisch. Im Gegensatz zu „Schloss Saaleck" konnte die Trimburg im Bauernkrieg und dem Dreißigjährigen Krieg nicht gehalten werden. Sie verfiel zur Ruine und wurde nach der Säkularisation zum Abbruch verkauft. Der „Dornröschenschlaf" der gewaltigen Ruine dauerte bis in unsere Zeit. Erst durch motivierte Bewohner Trimbergs kam es in den 80er Jahren des 20. Jahrhunderts zur Gründung eines Fördervereins, der sich der Burgruine annahm und eine Sanierung des bedeutenden Baubestandes in die Wege leitete. Eine Überdachung sichert nun die Mauern. Heute ist die an Sonn- und Feiertagen bewirtschaftete Burg eine touristische Attraktion. Die altehrwürdige Burg ist zu neuem Leben erweckt und zieht bei Konzerten und Burgfesten viele Interessenten an.

Blick zur Ebersburg

36 | Die Ebersburg

Auf der 669 m üNN hohen Phonolithkuppe des **Ebersberges** erhebt sich – von weitem schon auszumachen – die **Ebersburg** mit ihren zwei Türmen. Die Burg war einst von besonderer strategischer Bedeutung. Schon vor dem 11. Jahrhundert soll eine Fliehburg existiert haben. Die Burgruine hat eine wechselvolle Geschichte. Um 1200 von den Ebersbergern, einem bedeutenden Rittergeschlecht der Rhön, errichtet, im Jahr 1271 von Fulda aus zerstört, 1396 wieder aufgebaut, verfiel die Burg aber nach dem Dreißigjährigen Krieg immer mehr. 1664 wurde sie wieder bewohnbar gemacht, doch bald darauf aufgegeben. Die Ebersberger hatten ihren Sitz nach Gersfeld verlegt. Das Geschlecht starb 1906 aus. Im Jahr 1854 wurde der Viereckturm instand gesetzt und mit einem Dach und einer Treppe versehen. Der Aussichtsturm wird touristisch genutzt. Die Aussicht ins Fuldaer Land ist fantastisch. Der Schlüssel zur Turmbesteigung ist erhältlich auf dem Ferienhof Weichlein (Tel. 06656/389). Der Innenhof der Burg ist saniert und eignet sich besonders als Ziel für Familien mit Kindern.

Die Großen Steine

37 | Die Langen und Großen Steine bei Bad Brückenau

Im Wald hinter der großen Sinntalbrücke der A7 in nördlicher Richtung zwischen Römershag und Riedenberg verstecken sich die Großen und die Langen Steine. Es handelt sich um etwa 15 m lange Buntsandsteinblöcke, die einfach so „herumliegen“. Sie haben schon König Ludwig I. beeindruckt, und er wollte sie nach München bringen lassen. Gott sei Dank ist das aus „technischen“ Gründen nicht möglich gewesen. Sie liegen – wie schon seit Jahrtausenden – im Wald und entlocken dem Wanderer ein Staunen. Eine besonders imposante Formation heißt **„Wildemannshäuschen“**. Die Fantasie der Menschen hat zu diesem Namen geführt, denn vermutet wurde dort die Behausung eines „Wilden Mannes!“ Die Steine sind zum Naturdenkmal erklärt worden, ebenso der **Hirschgraben** in Richtung Oberbach, der eine tiefe Schlucht bildet und nach starken Regenfällen oder zur Zeit der Schneeschmelze an eine Klamm in den Alpen erinnert. Diese Sehenswürdigkeit liegt fernab jeglicher Touristenströme und kann als einmalig bezeichnet werden.

links oben: Das Wildemannshäuschen
links unten: Die Langen Steine
rechts oben: Aussichtsturm im Roten Moor

38 | Das Rote Moor

Das zweitgrößte Moor der Rhön ist mit 30 ha Fläche das sog. **Rote Moor**. Es befindet sich an der B 278 zwischen Bischofsheim und Ehrenberg-Wüstensachsen. Von 1809 bis 1984 wurde hier Torf gestochen. Der Moorstich kam in den Heilbädern der bayerischen und der hessischen Rhön zum Einsatz. Der innere Bereich des Moorkörpers ist durch die Abtorfung stark geschädigt. Seit Ende des Abbaues wird versucht, die Fläche zu renaturieren. Das gesamte Moorareal wurde Naturschutzgebiet, ist aber dank eines Bohlen-Moorpfades für jedermann leicht zu durchwandern. Der Besucher fühlt sich in eine ganz andere „Welt" versetzt, denn das Gebiet erinnert an skandinavische Landschaften mit Moor- und Karpatenbirken, Moosen, Wollgras, Besenheide sowie Heidel-, Moos- und Rauschbeeren. Ein Aussichtsturm erlaubt schließlich den Blick in die Moorfläche.

Wer den Weg vom Heidelstein zur Wasserkuppe nimmt, gelangt beim „Abstieg" zum **„NABU-Haus am Roten Moor"**, das Gelegenheit zur Einkehr bietet. Unweit dieses Hauses existierte bis 1634 das Mohrdorf oder Dorf Mohr. Hier war das Leben karg und hart. 36 Häuser existierten bis zum Brand, den im Dreißigjährigen

oben: Der Moorweiher; rechts: Moorlandschaft

Krieg die Kroaten legten. Das gesamte Dorf brannte nieder und wurde nicht mehr aufgebaut. Ein Dorfbrunnen ist noch vorhanden. Eine Infotafel weist auf die Wüstung hin.

Nach Querung der B 278 sollte rechter Hand Achtung geboten sein, damit ein schöner Blick nicht versäumt wird, nämlich der auf den Moorstausee. Dieser Moorweiher wurde angelegt, um die verbliebene, geschädigte Moorfläche wieder zu vernässen. Teichbewohner, wie Stockente und Bekassine, Sumpfrohrsänger oder der Rotmilan hoch in den Lüften können gesichtet werden.

Die Bernshäuser Kutte

39 | Die Kutten der Rhön

Mit einer Besonderheit kann die Thüringische Rhön aufwarten. Die Rede ist von den **„Kutten"** der Rhön. Kutten sind **Erdfallseen**, die durch unterirdische Salzauslaugungen entstanden. Über Jahrhunderte wurden in den tiefer liegenden Gesteinsschichten die Salze ausgewaschen, sodass sich Höhlen bildeten, die schließlich einstürzten. Daher heißen diese fast kreisrunden Gewässer wie die Bernshäuser Kutte, die Roßdorfer Kutte und der Schönsee bei Urnshausen auch Erdfallseen. Diese trichterförmigen Erdfälle füllten sich mit Wasser. Sie haben weder einen Zufluss noch einen Abfluss. Der größte dieser Seen ist die **Bernshäuser Kutte** bei Bernshausen. Sie hat einen Durchmesser von ca. 250 m und ist mit 45 m die tiefste. Die **Roßdorfer Kutte** bei Roßdorf verfügt nur über eine Tiefe von 11 m. Das Gebiet um die Bernshäuser Kutte ist zum Naturschutzgebiet erklärt worden. Hier leben in dem grün wirkenden Wasser, daher rührt auch der Beiname „**Grüne Kutte**", viele Tierarten. Diese einzigartige Naturschönheit kann auf einem schmalen Pfad umwandert werden. Gute Trittsicherheit und festes Schuhwerk sind jedoch Voraussetzung. Der Weg wird zu einem Erlebnis.

40 | Der Ibengarten

Beim **Ibengarten** handelt es sich um einen gewaltigen Bestand an **Eiben**, einer Nadelbaumart, die recht selten ist. Es ist der älteste Eibenbestand in Mitteleuropa. Einige der 368 Bäume sind älter als 500 Jahre. Der Ibengarten wurde schon 1938 unter Naturschutz gestellt. Wahrscheinlich haben Mönche diesen Wald angelegt. Das Holz der Eibe ist sehr elastisch und eignet sich besonders für die Herstellung von Armbrustbogen. Die Armbrust war bis weit ins Mittelalter d i e Waffe der Ritter, aber auch der Bauern. Heute finden sich Freunde des „Bogenschießens" in Vereinen zusammen, um diesem etwas ausgefallenen Sport zu frönen.

Von besonderem Interesse ist, dass sich in diesem eigenartigen Wald der legendäre **„Rhönpaulus"** aufgehalten und versteckt haben soll. Wer war dieser Rhönpaulus? War er ein Räuber, ein Vagabund, ein Rebell, ein Schmuggler? Vielleicht war er von jedem etwas, aber er war kein Verbrecher im heutigen Sinn. Ihm wird ein ausgeprägter Gerechtigkeitssinn nachgesagt, der ihn bewog, den Armen zu helfen. Seine Geburt ist belegt. Er erblickte am 5. Februar 1736 als unehelicher Sohn der Magd Hanna Regina Paul in Weilar im Feldatal das Licht der Welt und erhielt von seiner Mutter den Namen Johann Heinrich Valentin. Bereits im Alter von fünf Jahren verlor er seine Mutter und wuchs im Kohlbachshof bei Roßdorf auf. Er verbrachte seine Kindheit in ärmlichen Verhältnissen, half in der Landwirtschaft und konnte es nicht zu Reichtum bringen. Bald machte er Bekanntschaft mit der „Obrigkeit". Er ließ sich für die preußische Armee im Siebenjährigen Krieg anwerben, desertierte und kam in die Heimat zurück. Da er keine Arbeit fand, wurde er zum Wegelagerer, Schmuggler und Wilddieb. Er wurde wegen Schmuggels verhaftet und eingekerkert, konnte aber fliehen. Seine neue „Heimat" wurde der Ibengarten. Hier bewohnte er eine Höhle. Von hier aus trieb er sein „Unwesen", indem er die Reichen bestahl und das Diebesgut den Armen gab. Einige seiner „Taten" sind belegt, andere sind wohl Legende. Mehrmals wurde er gefangen genommen und eingekerkert. Und mehrmals gelang ihm die Flucht. Aber all dies zehrte an seinen Kräften. Schließlich wurde er zum Tod durch den Strang verurteilt und unter strenger Bewachung in einem Holzkasten zum Galgen auf den Neuberg bei Glattbach geführt. Hier vollendete sich sein Schicksal. Die Gestalt dieses „Robin Hood" der Rhön ist in der Bevölkerung der Thüringischen Rhön noch immer sehr lebendig. In Glattbach, unterhalb des Ibengartens, steht eine Kopie des legendären Holzkastens, in welchem er zur Hinrichtung durch den Strang auf den Neuberg gebracht worden war.

Eibe im Ibengarten

Der Basaltsee bei Ginolfs

41 | Der Basaltsee und das Steinerne Haus

Die Rhön ist arm an größeren Gewässern. Umso dankbarer sind Familien mit Kindern für die Freizeitanlage am **Steinernen Haus**. Der Basaltsee nördlich von Ginolfs entstand – wie andere kleine Seen der Rhön auch – durch den Basaltabbau. Das durch Sprengung hervorgerufene „Loch" füllte sich nach dem Abtransport des losen Basalts mit Wasser und hatte keinen Abfluss. Man gestaltete das Areal zu einem Freizeitgelände um, das nicht nur im Sommer viele Rhön- und Wanderfreunde anzieht. Der See lädt zur Rast und zur Umrundung und die kleine Kiosk-Gastronomie von April bis Oktober zum Essen und Trinken ein.

Zu dem „Steinernen Haus" etwas oberhalb des Sees gibt es eine Sage, die auf der Informationstafel des Rhönklubs an Ort und Stelle nachgelesen werden kann.

Die Teufelsmühle

42 | Die Teufelsmühle und der Nixenteich

Eine Mühle wird der Naturfreund vergeblich suchen, wenn er sich zur **Teufelsmühle** auf den Weg macht. Es handelt sich hier um einen Ort, an dem laut einer Sage der Teufel seine Hände im Spiel hatte. Zu finden bzw. zu erreichen ist diese Teufelsmühle nur zu Fuß und zwar etwas unterhalb des **Jagdschlosses Holzberghof**. Ein Holzabfuhrweg führt kurz vor dem Holzberghof nach links talwärts. Nach einigen 100 m wird die zunächst kleine Schlucht rechter Hand größer und tiefer. Bald ist ein Abzweig nach rechts erreicht (Wegweiser!). Der Abstieg zur Teufelsmühle ist durch ein Geländer gesichert. Hat es wenige Tage zuvor geregnet, stürzen nun rauschende und wild schäumende Wasser zu Tal. Das Schauspiel ist gigantisch. Eine Sagentafel erklärt die Geschichte, die sich um diesen Platz rankt.

Der Nixenteich

Vielleicht ist er die kleinste Kostbarkeit, die in diesem Buch vorgestellt wird. Doch die Romantik, die diesem Ort innewohnt, verdient es, erwähnt zu werden. Unter dem lauschigen Blät-

Der Nixenteich

terdach eines typischen Rhönwaldes plätschert und gurgelt es wie in einem Märchen der Brüder Grimm. Klare Wasser rauschen, aber nicht mächtig und wuchtig – nein –, sondern fast unscheinbar und anmutig. Nichts Gruseliges haftet dem Teichlein und seiner Umgebung an. Wer auf einem der Ufersteine Platz nimmt und die Augen schließt, der kann an einem lauschigen Sommertag oder -abend die Märchengestalten seiner Kindheit daherkommen sehen und hören. Ein wenig Fantasie gehört allerdings dazu. Natürlich eignet sich der Platz auch, um ihn mit Kindern aufzusuchen, um ihnen Sagen und Märchen zu erzählen. Geschichten mit Nixen und Feen gibt es in der Kinderliteratur zur Genüge. Einfach ist der Nixenteich nicht zu finden. Wer ihn suchen möchte, begebe sich zum Parkplatz bzw. zum Schullandheim Thüringer Hütte. Von dort führt ein Wirtschaftsweg hinauf in Richtung Hochrhönstraße. Bald weist ein Wegweiser auf den „Hähl" hin – ein archäologisches Objekt. Aber auf dem Wirtschaftsweg geht es weiter bergan. Wenn die rechter Hand befindliche Wiese fast zu Ende ist, muss sie schräg überquert werden. Am Waldrand wird der Nixenteich sichtbar.

43 | Die Wichtelhöhlen bei Bad Kissingen

Die Wichtelhöhlen bei Bad Kissingen befinden sich in der Nähe der „Bildungs- und Begegnungsstätte Heiligenhof".
Die Zufahrt zum Heiligenhof ist gut beschildert. Von der Ampel in Garitz – auf der B 286 von Norden kommend – sind es nur noch wenige Meter, bis die Zufahrt zum Heiligenhof rechts abbiegt. Ein schmales Sträßchen schlängelt sich zur Bildungsstätte. Dort sind mehrere Parkplätze vorhanden. Ein breiter Forstweg führt, leicht ansteigend, in den Wald. Ein Wegweiser der Staatlichen Kurverwaltung Bad Kissingen kommt rasch in Sicht. „Wichtelhöhlen 0,686 km" steht darauf zu lesen. Der Weg, der auch mit dem Kinderwagen zu bewältigen ist und mehrere Bänke zum Ausruhen bietet, führt nach links.
Nach etwa 20 Minuten kommen die ersten Felsformationen in Sicht. Es handelt sich um gewaltige Steinplatten aus Buntsandstein, die sich übereinandergelegt haben bzw. -geschoben worden sind. Ihre Ausmaße sind gewaltig. Für Kinder sind die Spalten und Hohlräume, die wie Behausungen für Wichtel und Gnome aussehen, ein wahres Paradies zum Klettern und Verstecken.

Felsformationen bei Bad Kissingen, die sog. „Wichtelhöhlen"

Die Wichtelmännchen

Nach August Kopisch, leicht für die Rhön verändert!

Wie war es vor Zeiten in der Rhön
Mit Wichtelmännchen so bequem.
Denn war man faul, man legte sich
Hin auf die Bank und pflegte sich.
Da kamen bei Nacht
Eh man es gedacht,
die Männchen und schwärmten
Und klappten und lärmten
Und rupften und zupften
Und hüpften und trabten
Und putzten und schabten
Und eh ein Faulpelz noch erwacht
War all sein Tagewerk vollbracht.

Die Zimmerleute streckten sich
Hin auf die Spän' und reckten sich.
Indessen kam die Geisterschar
Und schaute, was zu zimmern war.
Nahm Meißel und Beil und die Säge in Eil.
Sie sägten und stachen – Sie hieben und brachen
Berappten und klappten
Visierten wie Falken und setzten die Balken.
Eh sich der Zimmermann versah
Klapp – stand das Haus schon fertig da!

Beim Bäckermeister war nicht Not.
Die Wichtelmännchen backten Brot.
Die faulen Burschen legten sich,
die Wichtelmännchen regten sich.
Sie ächzten daher, die Säcke schwer.
Sie kneteten tüchtig und wogen es richtig.
Sie hoben und schoben
Sie fegten und backten
Und klopften und hackten.
Als alle Burschen schnarchten im Chor –
Da rückte das Brot schon gebacken hervor.

Beim Metzger ging es just so zu:
Gesell und Meister lagen in Ruh.
Indessen kamen die Männlein daher
Und hackten das Schwein in die Kreuz und die Quer.
Das ging so geschwind wie die Mühle im Wind.
Sie klappten mit Beilen und schnitzten mit Speilen.
Sie wühlten und spülten
Und mengten und mischten
Und stopften und wischten.
Und tat der Meister die Augen auf-
Schwupp – hing die Wurst schon im Ausverkauf.

Einst hatte ein Schneider große Pein.
Ein Staatsrock sollte fertig sein.
Er warf den Stoff und legte sich
Hin auf das Ohr und pflegte sich.
Die Wichtel schlüpften schnell und frisch
hinauf auf den hohen Schneidertisch.
Sie schnitten und rückten, sie nähten und stickten
sie fassten und passten und zupften und rupften.
Und eh der Schneider früh erwacht
War Bürgermeisters Rock bereits gemacht.
Doch – neugierig war des Schneiders Weib!
Sie macht sich diesen Zeitvertreib:
Streut Erbsen hin die andre Nacht!
Die Wichtelmännchen kommen sacht:
Eins rutscht nun aus
Schlägt hin im Haus.
Sie fallen von Stufen
Und plumpsen und rufen!
Sie lärmen und schreien und vermaledeien.
Die Frau rennt hinunter zu dem Schall
Macht Licht – husch, husch, verschwinden sie all!

Oh weh, nun sind sie alle fort und keines ist mehr hier am Ort.
Man kann nicht mehr wie früher ruhn, man muss nun alles selber tun!
Ach, dass es doch wie damals wär – doch kommt die schöne Zeit nicht mehr!

44 | Die vier schönsten Geotope in der Bayerischen Rhön

Das Bayerische Umweltamt zeichnet seit einigen Jahren die 100 schönsten Geotope Bayerns aus. Bisher haben in der Bayerischen Rhön vier geologische Besonderheiten diese Auszeichnung erhalten.

Der Frickenhäuser See

Dieser See befindet sich im Landkreis Rhön-Grabfeld am Rande der Ortschaft Frickenhausen. Er hat weder Zu- noch Abflüsse. Mit 11 000 m^2 Größe und einer Tiefe von 28 m ist er der größte natürliche See Unterfrankens. Entstanden ist er durch Auslaugungsvorgänge von wasserlöslichen Gesteinen im Untergrund und wird deshalb als Doline oder Einsturztrichter bezeichnet, weil die Hohlräume unter der Last des darüberliegenden Gebirges einstürzten. Der entstandene Trichter konnte sich mit Wasser füllen. Der Frickenhäuser See ist besonders im Sommer ein beliebtes Ausflugsziel. Solche Dolinen gibt es auch in der Thüringischen Rhön. Sie heißen dort Kutten.

Das Schwarze Moor

In der Rhön gibt es mehrere Moore. Das größte davon ist das **Schwarze Moor**. Es liegt am Dreiländereck von Bayern, Hessen und Thüringen oberhalb Fladungens und ist für Besucher durch einen Bohlenpfad gut erschlossen. Mit einer

Der Frickenhäuser See, Foto Stadt Mellrichstadt

Der Lindenstumpf

Fläche von 66 ha und einer reichen Flora und Fauna ist es das bedeutendste Hochmoor in Mitteleuropa. Im Jahr 2007 wurde es in die Liste Bayerns schönster Geotope aufgenommen. Entstanden ist es vor etwa 12 000 Jahren nach der letzten Eiszeit.

Die Karpatenbirke zählt zu den markantesten Baumarten dieser Moorlandschaft. Aber auch andere besondere Moorpflanzen, teilweise sind sie vom Aussterben bedroht, gedeihen hier. Eine Besonderheit sind die sog. Mooraugen, von denen eines direkt am Bohlenpfad liegt und somit gut zu sehen und zu fotografieren ist. Tiere, die im Moor leben, sind scheu und kaum aufzuspüren. Das Moor ist kuppelförmig aufgewölbt (uhrglasförmig!) und wird deshalb als Hochmoor bezeichnet. Teilweise ist der Torfkörper acht Meter mächtig. Er entwässert einerseits über den sog. Eisgraben zur Streu (weiter in den Rhein) und andererseits über die Ulster und somit weiter zur Weser.

Der Lindenstumpf

Südlich der Gemeinde Schondra befindet sich der **Lindenstumpf**, eine ehemals typische Basaltkuppe. Wie die anderen zahlreichen Kuppen der Rhön verdankt auch der Lindenstumpf seine Entstehung dem Vulkanismus der Rhön vor etwa 11 Millionen Jahren. Durch einen Steinbruchbetrieb wurde der Berg im Jahr 1965 beim Bau der Autobahn A7 abgetragen und das Gesteinsmaterial im Straßenkörper verbaut. 1,8 Millionen Tonnen Basalt gab der Berg her. Geblieben ist eine kraterförmige Struktur mit einem An-

oben: Basaltbruch Gebirgsstein; links oben: Moorauge im Schwarzen Moor; links unten: Der Bohlenpfad

schnitt des Schlotes der einstigen Basaltkuppe des Vulkans. Gut ausgebildete Basaltsäulen sind sichtbar. Im Jahr 2002 wurde der Lindenstumpf in die Liste der schönsten Geotope Bayerns aufgenommen.

Der Gebirgsstein

Am Gebirgsstein unweit des Dorfes Oberbach, Gemeinde Wildflecken, befindet sich ein Vulkankrater, der durch den Abbau von Basalt wieder sichtbar wurde. Der Steinbruch ermöglicht die Sicht auf unterschiedliche Gesteine, die bei verschiedenen Ausbrüchen entstanden. Hier werden zwei Gesteinsarten sichtbar: rote Schlacke und schwarzer Basalt. Die Schlacke stammt aus einer explosiven Phase und bildete den Kegel. Der Basalt entstand in einer ruhigeren Phase, als sich Magma aus dem Schlot von unten her in den Krater ergoss. Dort bildete es einen See aus glühender Lava, der langsam abkühlte, erstarrte und den Schlackenkegel füllte.

Der **Gebirgsstein** war von 1937 bis 1962 in Betrieb. Interesse galt beim Abbau nur dem schwarzen Basalt. Dieser fand als Schotter beim Eisenbahn- und Straßenbau Verwendung. Nach der Schließung sollte das Gelände als Erdaushubdeponie Verwendung finden. Dieses Ansinnen wurde verworfen und deshalb ist es heute möglich, in der steinernen Geschichte zu lesen. Der Gebirgsstein ist Teil der Liste der schönsten Geotope Bayerns. Infotafeln vermitteln dem Laien Kenntnisse über den Vulkanismus in der Rhön. Zu erreichen ist das Areal über den „Basaltweg", einen Premiumwanderweg der Rhön.

45 | Das Hessische Kegelspiel mit Burg Hauneck

Auf jeder Rhönwanderkarte ist weit im Norden der Rhön zu lesen: Hessisches Kegelspiel. Es handelt sich dabei um die sog. **Kuppenrhön** und wer genau nachzählt, wird herausfinden, dass es neun Berge sind, die zu diesem Kegelspiel gehören. Alle sind um die 600 m hoch. Es handelt sich um kegelförmige Vulkanberge und die Sage berichtet, dass Riesen hier eine Kegelbahn betreiben. Im Einzelnen handelt es sich um den Soisberg, den Kleinberg, den Wieselsberg, den Lichtberg, den Rückersberg, den Appelsberg, den Stallberg, den Morsberg und den Hübelsberg. Um sich die Namen merken zu können, hat der Volksmund folgenden Spruch formuliert: So trägt das kleine Wiesel auf seinem lichten Rücken den Apfel in den Stall über Moor und Hügel. Der mächtige Soisberg wird als der König des Kegelspiels bezeichnet. Ein Aussichtsturm von 25 m Höhe krönt seinen Gipfel.

Nicht zu den neun Kegeln gehört der **Stoppelsberg**. Dennoch muss er in dieser Gegend unbedingt Erwähnung finden, weil er die **Burgruine Hauneck** trägt, die wegen der Besteigung des Bergfrieds ein lohnendes Wanderziel ist. Die Burg Hauneck ist im 14. Jahrhundert auf mächtigen Basaltsäulen erbaut worden. 1397 wird sie erstmals urkundlich erwähnt und kann auf eine bewegte Geschichte zurückblicken. Sie wurde mehrmals zerstört und wieder aufgebaut. Ihre Lage war durchaus wichtig, denn sie lag unweit der mittelalterlichen bedeutenden Handelsstraße **Antsanvia**. Seit dem 16. Jahrhundert war sie dem Verfall preisgegeben, u. a. auch durch den Dreißigjährigen Krieg. 1981 musste die Ruine wegen Einsturzgefahr geschlossen werden. Durch Sanierungsmaßnahmen und Sicherung der Mauern war eine Eröffnung des beliebten Wanderzieles wieder möglich. Der restaurierte Bergfried kann bestiegen werden.

Im Hessischen Kegelspiel

links: Wallfahrtskirche Maria Ehrenberg; rechts: Treppe zur Wallfahrtskirche

46 | Die Wallfahrtskirche Maria Ehrenberg

Unweit der alten Bischofsstraße von Fulda nach Hammelburg, nördlich von Kothen, liegt der Marienwallfahrtsort „Maria Ehrenberg". Mitten im Wald, auf einer Höhe von 674 m, steht der schlichte Kirchenbau. Himmlische Ruhe findet der einsame Pilger, kein Wirtshauslärm stört die friedliche Stille. Bereits im Jahr 1521 errichtete die Gemeinde Kothen auf dem „Orensberg" einen „Heyligenstock", woraufhin eine eifrige Wallfahrt einsetzte. 1522 entstand dann eine hölzerne Kapelle. Die Legende berichtet, dass ein Schäfer einst in einer Hecke eine hölzerne Marienfigur fand, die das Jesuskind auf dem Arm trug. Er schaffte sie nach Kothen in die Kirche, doch am nächsten Tag war sie wieder oben auf dem Berg. Das ereignete sich mehrmals und sei dem Fürstabt von Fulda gemeldet worden. Der veranlasste schließlich den Bau eines Kirchleins.

Insgesamt ist die Anlage, wie man sie heute vorfindet, von vier Fürstäbten gestaltet worden. Das bis in die Gegenwart hoch verehrte Gnadenbild, welches im 14. Jahrhundert von einem unbekannten Künstler geschaffen wurde, ist alljährlich Ziel vieler Wallfahrer an den Marienfeiertagen. Am Hochfest „Maria Himmelfahrt" am 15. August kommen bis zu zehntausend Pilger aus allen Teilen der Rhön.

Die schlichte Kirche erfuhr im Laufe ihrer Geschichte mehrere Umbauten und Veränderungen. Das Gebiet des „Maria Ehrenberges", wie der Berg inzwischen nur noch genannt wird, befindet sich inmitten des großen Truppenübungsplatzes Wildflecken, dessen Entstehung in die Zeit des Nationalsozialismus fällt. Laut der Vorplanungen sollte die Wallfahrtskirche dem Übungsplatzbau zum Opfer fallen. Das Gnadenbild werde in die Klosterkirche auf dem Volkersberg ausgelagert, hieß es. Eine ergreifende Abschiedsfeier hatte schon stattgefunden, als sich danach drei Männer ein Herz fassten und sich für die Erhaltung der gesamten Anlage vehement einsetzten. Pfarrer Engelbert Kreuzer, Oberstleutnant Richard Fleischhauer (evangelisch) und General Friedrich Dollmann konnten erreichen, dass Wallfahrtskirche, barocke Treppenanlage und selbstverständlich auch das Gnadenbild „auf dem Berg" erhalten blieben. So hat sich auch in „schlimmer" Zeit die Legende erfüllt: Das Gnadenbild kehrt immer wieder auf den Berg zurück!

Wehrkirche in Kaltensundheim

47 | Die Wehrkirche in Kaltensundheim

Der Ort Kaltensundheim wird 795 erstmals erwähnt, ist aber wohl älter.
Die alte Wehrkirche aus dem Jahr 1604 zeigt deutlich gotische Bauelemente. Bis 1495 befand sich an ihrer Stelle nur eine kleinere Kapelle. Der altehrwürdige wuchtige Turm besitzt einen für die Rhön ungewöhnlichen Staffelgiebel mit Satteldach. Mächtige, sechs bis sieben Meter hohe Mauern schützen das Gotteshaus, das wahrscheinlich an der Stelle einer ehemaligen Burganlage direkt auf dem Felsen errichtet worden ist. Erhalten sind aus den Zeiten als Wehrkirche noch die Stallungen, das Torhaus, in dem die alte Schule untergebracht war, und die Ringmauern. Im rechteckigen Saalbau sind noch der Altar aus dem Jahr 1458 sowie der Taufstein von 1440 zu bewundern. Das Ensemble besticht durch seine Schlichtheit, nur die Orgel bildet eine Ausnahme. Der mit sächsischem Wappen reich verzierte Orgelprospekt stammt aus dem Jahr 1683 und wurde erst kürzlich restauriert.

Außenansicht und Blick ins Innere der Klosterkirche in Frauenroth

48 | Das Grabmal in Frauenroth

Abseits der großen Touristenströme liegt der kleine Ort **Frauenroth**. Er gehört zur Gemeinde Burkardroth. Wegen seiner kulturhistorischen Bedeutung wird er von Kunstliebhabern und Kunstkennern aus der ganzen Welt besucht und bewundert. Das schlichte Kirchlein, der Rest eines **Zisterzienserinnenklosters** aus dem Jahr 1231, birgt eine Kostbarkeit von unschätzbarem Wert, nämlich das **Grabmal** des **Minnesängers Graf Otto von Botenlauben** und seiner Gemahlin. Otto von Botenlauben war in der gleichnamigen Burg bei Bad Kissingen geboren worden, hatte sich an einem Kreuzzug beteiligt und im Heiligen Land seine spätere Frau Beatrix von Courtenay kennengelernt. Eine Sage berichtet, dass das Ehepaar nach der Rückkehr vom Kreuzzug auf Burg Botenlauben gestanden und ins Land geschaut habe. Beatrix habe ihren Schleier abgenommen und ihn mit den Worten „Wo er nieder fällt, da will ich ein Kloster errichten!“ dem Wind überlassen. Der Schleier sei dann hier in Frauenroth gefunden worden. Auf diese Weise sei es zum Bau des Frauenklosters gekommen, in dessen Kirche das Ehepaar auch seine letzte Ruhe gefunden hat. Das Grabmal – es befindet sich hinter dem Altar – ist eine Steinmetzarbeit, die in ihrer Bedeutung der des Bamberger Reiters gleichzusetzen ist.

49 | Die Michaelskapelle bei Frankenbrunn

Frankenbrunn ist ein Ortsteil der Gemeinde Oberthulba. Auf deren Gemeindegebiet wurden schon 450 v. Chr. Hügelgräber angelegt. 1141 tauchte der Name „Franchenborne“ erstmals auf. Im Dreißigjährigen Krieg überlebte nur ein Bruchteil der Bevölkerung die Greuel. 1650 schnitzte ein unbekannter Künstler aus Dankbarkeit für den Frieden einen leidenden Christus im Strahlenkranz, der an einem schlichten Holzstamm befestigt wurde. Dem Bildnis hat man bald Wunderheilungen nachgesagt. Im Jahr 1708 ließ sich am „wundersamen“ Bildstock ein Franziskanerpater als Eremit nieder und begann 1718 mit dem Bau einer Kapelle zu Ehren des hl. Michael. Sie wurde am 26. Mai 1722 mit der 1. Feier der Heiligen Messe geweiht.

Diese **Michaelskapelle** befindet sich südlich von Frankenbrunn (nahe Hetzlos) auf einer kleinen Anhöhe. Die Einsiedelei war bis zum Jahr 1784 besetzt. Sie ist heute noch vorhanden. Sie befindet sich etwas unterhalb des Kirchleins im Schutz des Waldes.

Von der **Einsiedelei** führt ein sog. „Fünf-Wunden-Weg“ hinab nach Frankenbrunn. Die Originaltäfelchen, die an Bäumen angebracht waren, sind heruntergerissen worden und lagen im Wald verstreut. Daraufhin sind sie von Frankenbrunner Bürgern eingesammelt, restauriert und in der Ortskirche an einem sicheren Platz angebracht worden. In der Natur sind nun Kopien vorhanden, damit die Wallfahrer weiterhin betend diesen besonderen Weg gehen können.

Die Gemündener Kreuzbergwallleute haben an diesem Weg aus Dankbarkeit für die freundliche Aufnahme in Frankenbrunn, die über Jahrhunderte andauert, einen besonderen „Bildstock“ aufgestellt, der sich dem **„Fünf-Wunden-Weg“** in seiner Gestaltung anpasst.

links: Michaelskapelle bei Frankenbrunn; rechts: Einsiedelei

Kunstobjekt am Franzikusweg

50 | Der Franziskusweg

Am Osthang der Langen Rhön, etwas oberhalb von Urspringen, findet der Wanderer in der Nähe der Thüringer Hütte den **Franziskusweg**, der erst vor wenigen Jahren der Öffentlichkeit übergeben worden ist. Seitdem sind ihn schon viele Menschen aus unterschiedlichen Gründen abgewandert. Es handelt sich um einen außergewöhnlichen Wanderweg, der als Besinnungsweg bezeichnet werden muss. Mit Sicherheit hat er sich den Titel „Eine Kostbarkeit der Rhön“ schon erworben! Der Weg, mit dem roten T (Tau – letzter Buchstabe des hebräischen Alphabetes und Franziskus-Kreuz) gekennzeichnet, ist mit insgesamt 17 Tafeln ausgestattet, die den „Sonnengesang“ des heiligen Franziskus beinhalten, aber auch einfühlsame Texte zum Lebensweg des Menschen allgemein. Die Kunstobjekte sind durch Schüler der Holzschnitzschule Bischofsheim gestaltet worden! Wer mit Sorgen beladen ist und Zuspruch benötigt, sollte sich allein auf diesen Weg begeben und die Texte in sich aufnehmen. „Unbedingt Zeit lassen“ – müsste die Parole heißen, um diese ca. 5 km in aller Ruhe zu gehen. Der Weg beginnt am Parkplatz unterhalb der Thüringer Hütte in der Nähe der **Franziskus-Kapelle**, einer Kirche ohne geschlossenen Raum.

Bildnachweis

Regina Rinke: S. 4, 9, 12 oben, 14 oben, 17 oben, 18, 19 links, 22, 28 oben, 30 unten, 31, 32 unten links, 33 rechts, 34 unten, 38, 40 unten, 45, 53, 57, 59 links, 60, 61 Mitte, 63 oben/unten, 64, 66, 67, 68 oben links, 70 links, 71, 75, 76, 78, 81, 83, 84, 86, 87, 88, 89, 92–94
K. Fr. Abé: S. 69, 70 rechts, 79, 80; Elfriede Böck: S. 32 oben; Joachim Bogler: S. 33 links, 56 oben; Hartmut Burkhardt: S. 54; Rudolf Diemer: S. 29, 32 unten, 56 unten, 59 rechts, 65, 77, 78 oben, 82, 89 oben, 91; Fränkisches Freiland-museum Fladungen: S. 20, 21 unten; Roland Götze: S. 50–51, 72; ZV Hammelburg: S. 2 unten, 73; Walter Höhn: S. 19 rechts, 35 links, 52; Bert Horas: S. 30; Michael Imhof: S. 2 oben, 3 unten, 6, 7, 11, 12 unten, 13, 15, 18 unten, 21 oben, 23, 24, 26, 30 oben, 37, 39 links, 40, 43, 44, 46, 47, 48, 49, 55 links, 61 unten, 62, 95; Berthold Kleinhenz: S. 3, 8, 61 oben; Ingeborg Peine: S. 25; Erich Plappert: S. 74; Gerhard Schäfer: S. 90; M. Schmidt, © Verwaltungsgemeinschaft Hohe Rhön: S. 68 oben rechts; Carina Schmuck: S. 68 unten; Herbert Schneider: S. 10, 17 unten, 32 Mitte, 39 rechts, 41, 55, 58; Verwaltungsgemeinschaft Fladungen: S. 42; Wikipedia: S. 34 oben (Rudolf Simon), 35 rechts (Dontworry), 36 (Kramer 96), 52.

Umschlagsabbildungen:
oben: Auf dem Kreuzberg (Foto: Regina Rinke)
unten von links nach rechts: Fliegerdenkmal auf der Wasserkuppe (Foto: Michael Imhof), Der Lindenstumpf bei Schondra (Foto: Rudolf Diemer), Stadtansicht Ostheim (Foto: Michael Imhof)

Michael Imhof Verlag GmbH & Co. KG
Stettiner Straße 25 · 36100 Petersberg
Tel. 0661/29 19 166-0 · Fax 0661/29 19 166-9
www.imhof-verlag.de · info@imhof-verlag.de

Reproduktion und Gestaltung: Vicki Schirdewahn, Michael Imhof Verlag

Druck: optimal media GmbH, Röbel/Müritz

Printed in EU

ISBN 978-3-86568-826-2

Zum Auffinden der Ziele ist eine gute Wanderkarte unerlässlich!